现代医院档案管理
与信息化建设

王文赏　李宁　闫文佳　著

延吉·延边大学出版社

图书在版编目（CIP）数据

现代医院档案管理与信息化建设 / 王文赏，李宁，
闫文佳著. -- 延吉 ： 延边大学出版社，2025. 3.

ISBN 978-7-230-08068-2

Ⅰ．G275.9

中国国家版本馆 CIP 数据核字第 2025WF3662 号

现代医院档案管理与信息化建设

著　　者：王文赏　李 宁　闫文佳

责任编辑：朱秋梅

封面设计：战　辉

出版发行：延边大学出版社

社　　址：吉林省延吉市公园路 977 号

邮　　编：133002

网　　址：http://www.ydcbs.com

E - m a i l：ydcbs@ydcbs.com

电　　话：0433-2732435

传　　真：0433-2732434

发行电话：0433-2733056

印　　刷：三河市同力彩印有限公司

开　　本：787 mm×1092 mm　1/16

印　　张：9.5

字　　数：176 千字

版　　次：2025 年 3 月　第 1 版

印　　次：2025 年 3 月　第 1 次印刷

ISBN 978-7-230-08068-2

定　　价：68.00 元

前　　言

在医疗技术日新月异的今天，现代医院管理正面临着前所未有的挑战与机遇。医院档案管理作为医院管理的重要组成部分，不仅承担着记录医院发展历程、保存珍贵医疗资料的重任，更是推动医院信息化建设、提升医疗服务质量的关键环节。本书旨在通过系统梳理现代医院档案管理的理论与实践，探索信息化时代下医院档案管理的新路径，为医院管理者和档案工作者提供有益的参考与借鉴。

本书开篇即对现代医院及医院档案管理进行了综述，探讨了医院管理的新模式，并深入阐述了医院档案在医院管理中的重要作用以及新形势下医院档案管理面对的挑战与应对策略。随后，本书从多个维度对医院档案管理进行了细致剖析，包括病案管理、医院组织内部档案管理等。这些章节内容相互关联，共同构成了医院档案管理的完整体系，展现了医院档案管理工作的复杂性与多样性。在信息化建设的浪潮中，医院档案管理同样需要与时俱进。本书专门设置了章节，探讨了医院档案信息化建设的理论基础与实践路径，特别是针对医院体检档案和档案共享服务的信息化建设，本书更是结合实际，提出了具有创新性的解决方案，为医院档案信息的高效利用与共享提供了有力支持。

然而，本书的写作过程并非一帆风顺。笔者在写作过程中遇到了诸多困难与挑战，如资料收集的繁杂、理论与实践的结合等问题。但正是这些挑战，促使笔者不断深入思考、反复推敲，力求使本书内容更加严谨、实用。尽管如此，我们深知书中难免存在疏漏与不足，恳请广大读者批评指正。在此，要特别感谢为本书写作提供宝贵意见和资料的各位专家、学者以及一线工作者，他们的智慧与经验，为本书增添了丰富的内涵与价值。同时，我们也希望本书能够为推动医院管理水平的不断提升贡献绵薄之力。

最后，衷心希望本书能够得到广大读者的喜爱与认可，并在实践中发挥应有的作用。同时，也期待与各位同仁共同探讨医院档案管理与信息化建设在未来的发展，携手推动医疗事业的发展与繁荣。

目　　录

第一章　现代医院及医院档案管理概述 ·· 1
　　第一节　医院管理新模式 ·· 1
　　第二节　医院档案对于医院管理的作用 ·· 10
　　第三节　新形势下医院档案管理 ·· 18

第二章　现代医院病案管理 ··· 23
　　第一节　病案管理概论 ·· 23
　　第二节　病案基础管理 ·· 34
　　第三节　病案质量管理 ·· 55

第三章　现代医院组织内部档案管理 ·· 71
　　第一节　医院实验室档案管理 ··· 71
　　第二节　医院科技档案管理 ··· 76
　　第三节　医院人事档案管理 ··· 85

第四章　现代医院档案信息化建设 ··· 96
　　第一节　医院档案信息化建设的含义与对策 ··· 96
　　第二节　医院档案信息化建设和管理 ··· 102

第五章　现代医院体检档案信息化建设 ·· 107
　　第一节　体检档案信息化整合系统的集合设计 ····································· 107
　　第二节　体检档案信息化整合系统的具体设计 ····································· 111

第六章　现代医院档案共享服务信息化建设 ·· 125
　　第一节　医疗档案的信息特点与共享服务策略 ····································· 125
　　第二节　医疗档案信息共享服务策略的基础与保障 ······························ 130
　　第三节　医疗档案信息共享服务信息化建设的实践 ······························ 135

参考文献 ··· 144

第一章　现代医院及医院档案管理概述

第一节　医院管理新模式

医院管理模式一直以来都是医院管理者和政府决策者关注的焦点，它直接关系到医院发展的科学性、前沿性和可持续性。新模式是一种管理理念的改革与创新，涉及组织结构、医院文化、新兴技术、绩效体制、人力资源、经济运作、服务保障等。

一、医院管理新模式概念与内涵

（一）基本概念

1.医院管理模式

医院管理模式是医院的组织结构、医院文化、规章制度、行为规范、工作流程和秩序的总和，也是医院经营管理活动规律在医院工作中的表现和反映。它要求管理体制健全、领导分工明确、职责权力具体，重视管理人员素质的培养和提高，有明确的目标，注重质量管理的科学性、可行性，注重管理人员的工作效率和与社会的联系等。

2.医院管理新模式分析

医院管理景明模式是以公共所有制理论（混合所有制的特殊形式）为指导、"二权并重"为架构、"三大特征"为核心、"四方满意"为标准、"五维管理"为手段的医院管理模式。

一个理论：公共所有制理论。

二权并重：资产所有权、经营管理权并重。

三大特征：学科精细化分工、护理机场式管理、医院全天候服务。

四方满意：顾客满意、员工满意、社会满意、股东满意。

五维管理：数字化、精细化、规范化、企业化、集团化。

该模式能满足各级各类医院整体运营管理和医院集团快速发展的需要，确保医院实现区域一流、省内领先及国内外知名的"三级梯"发展目标。

（二）基本内涵

1.一个理论

公共所有制是混合所有制的一种特殊形式。

（1）混合所有制

中国共产党第十八届中央委员会第三次全体会议（以下简称中共十八届三中全会）指出要积极发展混合所有制经济。混合所有制既是一种社会经济成分，又是一种企业资本组织形式。它是股份制的一种形式，既包括公有制经济，又包括非公有制经济，是不同所有制经济按照一定原则实行联合生产或经营的经济行为。

混合所有制的性质由其控股主体的所有制形式来决定，不能笼统地说混合所有制是公有制还是私有制。从资产运营的角度分析，混合所有制已突破了公有制和私有制的界限，因为无论资本来源是公有的还是私有的，都已融合为企业的法人财产。在现代公司中，各利益主体通过治理结构形成一种混合的、复杂的产权安排。

发展混合所有制经济的主要意义有以下四点：

第一，混合所有制经济为盘活国有资产存量，促进国民经济快速增长，找到了有效的途径。

第二，混合所有制经济为实现政企分开创造了产权条件。

第三，混合所有制经济为资金大规模聚合运作以及生产要素最优配置拓展了广阔的空间。

第四，混合所有制经济为国有企业顺利改制提供了契机。

（2）公共所有制

在所有制的形态上，不是国有，就是私有，过于绝对化，需要一种或几种"中间"形式的制度，如公共所有制。这里的"公"体现政府，也代表全民；这里的"共"体现社会和具体民众，我国大多数的事业单位正在朝着公共所有制的方向改进。在企业中，除上市公司已经是公众公司外，许多企业也可以探索公共所有制的形式。

公共服务是指由政府或公众采购的服务，具有行业准入和行业监管严格的特点，如医疗保健、金融、保险、交通运输等服务。不同产权形式的公司，包括公立、民营和介于公私之间的混合型所有制公司等，不管是什么类型的资本、不管产权的比例是多少，只要投资公共服务领域，就必须接受行业统一监管，成为公共所有制公司。投资医院必须承担向政府和公众提供医疗保健服务的责任与义务，使医院成为公共所有制医院。

（3）大力发展公共所有制医院

长期以来，国内一直存在公有制对其他经济形式的排斥和歧视现象，既造成了大量社会经济要素的闲置，又无法形成各种经济形式之间的平等竞争，最终导致国有经济改革战线过长，效率过低，而其他经济形式的优势得不到充分利用。

医院管理景明模式，正是在公共所有制理论的指导下，遵循对资产保值增值、对合作方互惠互利、持续提高员工社会地位和经济待遇等原则，公开、公平、开放地与各种形式的法人主体合作，组建各种形式的混合所有制医院或医院集团。特别是在国家鼓励扶持非公有制医院发展的政策环境下，医院管理景明模式力推的公共所有制医院必将大有作为。

2.二权并重

（1）资产所有权与经营管理权

资产所有权是资产所有者最基本的权利，简称为产权，表现为资产管理权和资产分配权。经营管理权是指对所有权人授予的、为获取收益而对所有权人的财产享有使用的权利，主要包括经营方式选择权、生产经营决策权、物资采购权、产品销售权、人事劳务管理权、资金支配使用权、物资管理权、其他经营管理权等。

（2）资产所有权与经营管理权同等重要

二权并重表现为资产所有权与经营管理权在资产保值增值中的作用同等重要，在企业发展壮大的过程中同等重要。资本是基础，经营管理是手段。没有资本，经营管理就没有平台与机会；不懂经营管理，资产就不可能自动保值增值，甚至会成为负资产。

（3）资产所有权与经营管理权的目标一致

资产所有者和经营管理者都期望通过对资产进行有效的经营管理，从而取得最大的经济效益，但是有的资产所有者并不善于经营管理，可以通过引入职业经理人，建立现代企业制度，以确保取得最大效益。

（4）资产所有权和经营管理权共同取得

在医院集团发展到一定规模时，可以通过购买直接获得产权，也可以通过参股控股获得对资产的处分权。对于暂时无法收购、参股控股的医院，要将经营管理技术纳入股份，确保集团对医院资产和经营管理拥有话语权。

一方面，二权并重可以保护原有法人主体的权益，确保资产保值增值；另一方面，二权并重能够充分保护经营管理者的权益，使管理者效益通过管理和期权实现。

3.三大特征

（1）学科精细化分工

推行专业学科细化改革，划小医院核算单位，使三级科室和护理单元成为医疗、护理和经济的自主运行单位，避免传统的综合医院以二级学科为主、三级学科划分不明确、学科专业精细化缺乏的弊端，形成"专科中心—二级学科—三级学科"的新格局。医院通过公开竞聘学科带头人，有利于专业人才的引进，也有利于调动每个人的积极性。

（2）护理机场式管理

护理机场式管理是指在医护分开的前提下，将医院床位按一定规则划分给若干护理病区，使护理病区作为独立运行的单位，工作自主安排，行政管理按"三级学科"运行，成为医院护理经济管理的独立成本核算和奖金分配实体。

在护理机场式管理模式中，护士长兼任病区主任，负责统筹病区护理资源和制定病区管理制度，保障各病区的医疗连续性、有效性和可追溯性。该管理模式有利于护理管理人员的"责、权、利"的协调统一，使护士长成为护理病区的直接责任人，有利于建立健全配套管理制度，规范并调整护理工作流程；合理设置护理岗位，使得护士角色能级对应。由护理病区分管床位，不分病区，有利于实现医院床位资源的共享，有利于优势学科做大、做强。

（3）全天候服务

医院可以通过下放给科主任、护士长每周 40 小时的排班权利，弹性安排时间，实现"医院无假日、员工轮流休"，使一部分工作人员可以连续休完假期。通过激活节假日闲置的医疗资源和人力资源，实现医院全天候服务，做到在节假日"所有诊室全部开放、所有检查检验项目全部开展、所有费用不另加收"，既缓解了看病贵、看病难等问题，又使医院每年可以额外获得 118 天节假日医疗收入。

4.四方满意

医院管理景明模式把顾客、社会、员工和股东四方满意作为衡量医院发展的基本标准。

（1）顾客满意

景明模式把医院接诊的处于健康、亚健康和疾病状态的三类人员统称为顾客，主动对顾客实施全生命周期健康管理。没有顾客的满意，医院就没有发展的空间和市场。顾客满意主要体现在以下几个方面：一是服务满意，通过标准化的服务，让顾客次次都满意。二是疗效满意，用较高的医疗技术水平，切实解决顾客的就医需求。三是顾客的就医体验和对环境的满意程度。

（2）员工满意

员工是医院发展的主力和动力。员工满意主要体现在以下四个方面：一是事业平台明显改善。竞争上岗机制让所有人都有机会工作，都有合适的位置；集团化发展提供集团内部晋升和跨地区交流的机会，让有思路的人有出路，有作为的人有位置，有创新的人有发展。二是快速提高医疗技术水平。集团将通过改善硬件条件，组织培训，给员工提供学习进修的机会，扩大员工的业务量，帮助员工快速提高业务技术水平，争取让员工可以跟国际、国内一流医院对接。三是经济条件明显改善，保证现有待遇不变，绩效持续增长。四是宽松愉快的工作、生活环境。

（3）社会满意

卫生行政管理机关和合作医疗保险等第三方付费部门对医院经营管理的满意程度，决定着医院等级评定、收费标准制定、是否向医疗机构采购并及时支付等。医院应该规范经营、积极实施数字化管理，与相关部门主动接轨，赢得信任，让卫生行政机关和监督部门省心、放心。

（4）股东满意

股东满意主要指投资人资产能够实现保值和增值，确保每个股东得到合理的经济回报和社会赞誉。

二、医院管理新模式组织实施

医院管理景明模式是一套具有先进、易行、高效、完整等特点的综合性管理体系。

管理体系相对落后、效率效益整体偏低、已有一定业务规模的医院，适合整体引进这套管理模式。总体上管理思路清晰、效率效益较好的医院，可按互补性原则，部分引进、借鉴这套管理模式的核心内容，如护理机场式管理、学科精细化分工、医院全天候服务、企业化管理等内容。

（一）资源调查

1.调查目的

当一家医院决定整体引进这套管理模式后，首先要对该院的资源状况进行整体、全面的调查研究，摸清家底，分析优势与劣势，为制定科学、合理的整改方案做好充分的准备。

2.调查内容

（1）基本属性

所有制性质、产权关系、基本规模（床位、建筑、占地）。

（2）基础资源

人力资源、物力资源（含设备）、财力资源。

（3）生存环境

政策环境（含医保）、市场环境、社会地位。

（4）管理模式

组织体系、学科体系、薪酬体系（含绩效）。

（5）法律安全

诉讼案件、重大合同、严重隐患。

3.调查提纲

调查提纲一般包括以下几个部分：

（1）一般资料

①医院基本情况概述。

②医院公司及其下属机构的结构图。

③一般性文件，包括以下内容：

a.医院成立批文和改制批文。

b.医院营业执照、组织机构代码证、税务登记证。

c.资质证明，包含二级综合医院、医保定点及其他经营需要的许可证明。

d.医院公司章程及其他内部管理规则。

e.注册资本、股东出资及验资等资料。

f.股东名册，股份转让登记名册，抵押登记册（如有）。

g.土地证及各类房产证。

h.改制以来股东大会决议记录。

i.改制以来董事会决议记录。

j.医院改制以来的一切重大发展事项的资料。

（2）股东

①截至目前的所有股东及股权比例。

②各股东之间的关系（独立或关联）。

③股权变动的历史沿革。

④有关股权转让的合同及凭证。

（3）重大合同及关联交易

①重大合同

a.设备采购合同。

b.药品及耗材采购合同。

c.建筑及装修合同。

d.租赁合同。

e.借贷合同。

f.抵押及担保合同。

g.管理层聘用合同。

h.其他服务合同。

②关联交易

详细披露公司与关联人士（含股东、联营机构、董事及管理层）的关联交易（如采购、供应、租赁和其他服务的协议）。

（4）土地及房产

①医院拥有的土地及房产清单（注明有无临建）。

②医院拥有的土地证，有无租赁土地及凭证。

③医院拥有的房产证，有无出租和承租房产及凭证。

④购买土地及房产的合同及凭证。

⑤在建工程情况。

（5）业务状况

①医院各部门、各医疗业务的分类。

②过去 3 年的收入和成本构成。

③过去 3 年前 10 项药品明细。

④过去 3 年前 10 项耗材明细。

⑤过去 3 年的门诊、住院统计。

⑥过去 3 年各医疗业务的收入、成本、毛利润、收费价格。

⑦目前执行的医保政策。

⑧信息化管理，包括人员数量、结构、分工，在用信息系统及供应商等信息。

（6）人力资源

①组织架构图。

②公司董事资料。

③管理层（院级领导）及分工。

④职工分类（按科室）统计表。

⑤职工分类（按专业技术职务）统计表。

⑥职工福利计划（如有）。

⑦考评和奖惩制度。

⑧职工退休金。

（7）各类保险资料

①财产保险。

②员工保险。

③第三者责任险。

④有无未解决的保险索赔。

（8）诉讼

①改制以来发生的所有诉讼、调解、争议、索赔及政府调查（包括已解决和未解决的）的资料。

②已知的将来有可能发生的诉讼和仲裁的相关资料。

（9）医院发展计划

①短期发展计划。

②中长期发展计划。

4.调查报告

在全面、深入调查的基础上，医院管理者要结合拟引进管理模式的主要内容，认真分析医院现状，提出新模式下的整改建议，形成正式的资源调查专题报告。

（二）实施方案

第一阶段为整体引进实施阶段，总时间一般在 6 个月以内，在集团公司派出的管理领导小组的直接领导下开展工作，以医院管理景明模式的各项内容全部实施到位、能够正常运转为基本达标要求。这一阶段是景明模式实施的关键时期，它对景明模式引进的成功与否起决定性作用。

第二阶段为巩固提高阶段，时间为 6～12 个月，医院领导班子在集团总公司的督导下，按照总公司与医院领导班子共同确定的管理目标和制度要求，负责医院日常运行管理工作。

第三阶段为可持续快速发展阶段，一般在新模式整体引进 12～18 个月之后，医院领导班子在集团总公司的授权式管理下负责医院整体的运行管理工作，在这个阶段，医院的服务能力、经济效益、品牌形象都进入到可持续发展和快速提升的阶段。

（三）宣传动员

1.目的

医院管理景明模式的整体引进和实施，对于任何一家医院都是一件历史性的重大事件，对所有员工，特别是医院管理层的思想冲击非常强烈。因此，及时做好宣传动员工作具有十分重要的意义，必须引起相关各方的高度重视，提前做好充分准备，以求达到事半功倍的效果。

2.主要步骤

（1）及时召开各级宣传动员会

医院应及时召开各级宣传动员会，例如全员动员大会、领导干部动员宣讲会、机关职能部门新模式引进工作专题宣讲辅导会、科室领导改革方案征求意见会等。通过这些会议，最大限度地让全院各级、各类人员了解全面引进医院管理景明模式的必要性、可行性、优越性，对于与医院自身相关的事项，要充分地了解和理解，使员工积极配合、主动参与，成为推动改革的主要力量。

（2）充分利用各种媒介宣传造势

通过悬挂标语、电子屏幕、内部网站、院报等医院现有的宣传手段，大力宣传引进医院管理景明模式的重大意义、医院的三阶梯发展目标、医院要打造的核心文化理念等内容，做到人人了解。

（3）宣传动员的主要内容

①景明模式的核心内容。

②医院三阶梯发展目标。

③人才观，如"赛马不相马，人人是人才""让有思想的人有出路，有作为的人有位置，有创新的人有发展"等。

④竞聘上岗的目的、意义和操作方法。

⑤信息化管理、全成本核算绩效管理等先进管理方法。

第二节　医院档案对于医院管理的作用

一、档案管理对医院工作的重要性

（一）医院档案管理的重要性

医院档案是指医院在日常工作中形成的公文、电报、传真、影像等资料，它是医院发展留下的财富，医院的科学化决策和现代化建设离不开对信息资源科学有效的管理，同时也是为国家积累门类齐全、结构合理的档案史料。为管理层和医院的各项事业提供及时、准确的信息是医院档案管理工作的目的，同时，医院档案管理工作围绕临床、科研、教学、管理等方面的信息开展服务，建立系统的档案管理体系，强化档案管理的效率观、动态观和现代观，将档案管理工作与医院整体发展紧密结合，从而为职工、患者以及社会公众服务。

医院管理制度化、规范化、科学化发展的重要标志是实施科学有效的现代档案管理。档案管理是提高医院基础管理水平的需要。档案管理工作的好坏，直接体现了医院基础管理水平的高低，与医院文明建设、医疗卫生事业的发展息息相关。

（二）医院档案的分类

医院档案是指医院在党务、行政、医疗、统计等日常管理工作中形成的文字、图表、数字、声像、光盘、磁盘、微机存储等真实的记录。档案根据其使用途径和使用方式的不同，大致可分为以下四种：

1.人事档案

人事档案主要指职工档案，包括职工的奖罚、考勤管理、职称管理、绩效管理等方面。人事档案真实记录了一个人的履历、工作能力和品德等，是医院组织人事工作不可缺少的参考信息。

2.业务档案

业务档案是医院档案管理的重点，主要指病例档案、药械耗材档案、科研档案、财务统计档案、设备档案、医疗废弃物档案等。病案档案是医院档案管理不可或缺的部分，专业性和技术性强，是展现医院管理水平、医疗技术水平的关键依据。病案档案是广大人民群众疾病防治和身体健康情况的原始记录，其信息利用率高、实用性强，需要档案管理者和医务人员在规定时间内完成收集、整理、组卷、登记、分类、编目、编码、排号、贮存以及档案的检索、利用等工作，全面、系统分析医疗信息资料，并将其及时准确地提供给医院领导、医护人员和患者。科研档案主要指一线医护人员在医学实践中通过不断总结，不断探索新的治疗手段，进而进行科研立项、实施以及科研成果的推广。

3.行政管理档案

行政管理档案主要指上级主管部门或相关单位的行文及公函，以及本院在日常工作中形成的文件、规章制度、事项决策、通知、通告、医保政策、纠纷案卷、法律文书以及消防检查和社会化服务形成的材料等。

4.党群档案

党群档案主要指上级和本院党组织以及共青团、工会等群众组织在日常党务工作、共青团工作、工会工作中形成的文件和影像材料。

（三）医院档案管理的作用

档案管理在医院运行过程中主要发挥以下五个方面的作用：

1.医院档案管理是医院管理的重要工具

医院任何决策及管理制度的出台，必须建立在之前管理系统的理论基础之上，只有充分发挥医院档案的辅助作用，才能更有效地促进决策的科学化，提高医院档案管理的水平。

2.医院档案管理是医院运行的强力助推器

医院档案是医院日常运行的真实记录，医院标准化建设和管理都建立在项目档案整理和分析的基础上，科学有序的医院档案整理可以为医院发展和决策提供有效依据，进而促进医院管理水平和医疗服务质量的提升。

3.医院档案管理是医院文化传承的主要载体

医院档案真实记录和见证了医院的发展，是医院文化的重要组成部分。通过医院的档案能够了解到医院的成长历程、院风、文化氛围等。医院院史中的照片、文字和实物真实反映了医院的发展历程，同时深深凝聚了医务人员的归属感，可以激发医务人员的荣誉感。

4.医院档案管理是法律保护的原始凭据

医院档案是对当事人的业务活动的真实记录，能够保护医院、医务工作者、患者的合法权益不受侵害，明确各方面的责任，减少不必要的纠纷。

5.医院档案管理是岗前培训的生动素材

医院档案是医院不可或缺的教育资源，医院档案具有真实性，具有较强的说服力。真实的医学案例能够深入人心，防止错误再次发生；翔实的事实资料可以为员工展现真实的医院，大大提高培训的效果。

二、档案管理对医院文化建设的重要作用

（一）有助于增强医院文化软实力

医院档案在长期积累的过程中，积淀并传承着医院发展的理念与价值观，蕴藏着医院发展的灵魂和文化软实力。医院档案的内容十分丰富，是医院发展实践中最可靠的原始记录和权威凭证，从载体和内容两个方面最大限度地完成了记录历史、传承文化、传播文明和提升医院文化内涵与文化软实力的任务。从医院档案中挖掘出的医院文化软实力，是助推医院文化建设的核心，可以为医院持续健康发展提供持久动力，从而形成饱含正能量的医院精神，不断提升医院的核心竞争力，最终使医院文化建设为医院发展创造出效益。通过医院文化建设形成的医院精神，可以用于谱写院歌、设计院徽、提炼院训，可以形成医院全体职工普遍认同的价值观和适应时代要求的服务理念。由此可以看出，医院档案体现医院文化建设的核心内容，是医院赖以生存和发展的精神支柱。

（二）有助于引领医院落实人文精神

人文精神是对人的个性、价值、地位、尊严的爱护和尊重，其核心是对人的精神价值的重视，即以人为本的价值理念。医院文化建设的基础是坚持以人为本，即对职工施以人本管理、对患者施以人文关怀，在医院档案中始终贯穿着以人为本的人文精神。一方面，医院档案中保存着大量的准确信息、数据和人文资料，还有成功的管理经验、优秀人物的先进事迹等。医院管理者既要把职工当成医院最大的资本、最好的资源，又要紧密结合医院档案中的文化资源，用自己的知识、智慧和才能，通过职工的知觉、动机、信念和期望等文化需求，影响职工的思想与行动，使职工愿景与医院目标相一致，从而产生医院文化的向心力、凝聚力和发展动力。另一方面，在医院档案中还贯穿着医学伦理与人文关怀思想，强调以患者为主体，满足患者的需求，强化与患者的合作，从而建立和完善渗透着医学人文精神的医疗文化与医疗制度，使渗透着仁爱、尊重、责任与公平的人文精神得到落实。

（三）有助于强化医德医风建设

医德医风建设要坚持患者利益至上、社会效益优先，落实医疗公平的原则，使医务人员在医疗服务工作中最大限度地满足患者康复的需要。医德医风建设反映出医院文化

的价值观、道德观、文化环境和医院精神，立足于以患者为中心、更新服务观念、提高服务质量，是助推医院持续发展的精神动力。通过医德医风建设，可以使医学人道主义精神、以患者为中心的人文关怀理念深入医务人员心中，内化为医疗服务的理念，并落实在为患者服务的实践中，这也是医院文化建设的生命力所在。医院档案保存着医疗法规制度、医疗标准、技术常规、操作规程等资料，医学病案保存着患者最原始、最完整和最权威的病程记录、治疗过程与医疗结果，是重要的医学科技文献与科研档案，具有真实性、可靠性和系统性的特点，不仅是保护患者合法权益的凭证，也是进行医务人员医德医风教育的最佳内容。通过病案分析，可以找到医疗过程和管理过程中的缺陷，使得医院各类人员吸取经验教训，从而为提高医疗服务水平和医院管理水平打下良好的基础。医院档案中蕴含着丰富的文化资源，充分利用医院档案强化医德医风建设，是医院文化建设的体现。

（四）有助于医院思想政治工作的开展

思想政治工作的根本目的是教育人们树立正确的世界观、人生观和价值观。在生活实践中，世界观、人生观和价值观问题对每个人来说都是最根本的问题，决定了人们的理想和信念。医院思想政治工作要做到以科学的理论武装医务人员，以正确的舆论引导医务人员，以高尚的精神塑造医务人员，以优秀人物鼓舞医务人员。培养医务人员把全心全意为患者服务作为自己的人生观，把患者利益置于个人利益之上，用正确的价值观进行利益取舍、辨别是非真伪，从而树立医务人员"白衣天使"的美好形象。

医院档案中蕴含着丰富的人文、历史、科技内容，是医院思想政治工作不可多得的文化资源和文化财富。在医院文化建设过程中，可以通过创建院史馆和荣誉展示室、编纂院史院志等方式，在做好院史资政工作的同时，详尽展示医院的发展历程、优秀人才、丰硕成果，对医务人员进行医德史、行业史、院史教育，用身边的事和身边的人开展既生动活泼，又丰富多彩的宣传教育、文化活动和思想政治工作。医院还可以利用档案开展科技成果展、名医专家风采展、优秀病案展、医德医风展，广泛开展核心价值观教育，提升医院思想政治与宣传工作的品位，以增强医院职工的自豪感，激发医院职工的责任感，树立医院职工的自信心，形成团结向上的良好工作氛围。

医院档案是医院的宝贵财富，是医院文化建设的精神财富。重视医院档案对医院文化建设的重要作用，就是要善于从医院档案中挖掘出精神财富，善于利用医院档案中的文化资源，善于利用医院档案中蕴含的文化软实力，促进医院不断向前发展。

三、医院档案在医院档案管理中的价值与地位

（一）医院档案在医院档案管理中的价值

医院档案在医院档案管理中的价值可以总结为以下四点：

1.实现医院财务档案和财务资料的有效整理

医院档案的有效建立，可以进一步实现对相关档案的有效整理。医院的档案管理人员通过完成医院档案的整理工作，可使医院各类资料的日期和类别得到明确的标注，并且按照其内容的重要性进行进一步的分类存储。

2.进一步明确医院档案管理的内容和范围

以医院档案中的财务档案为例，财务档案主要包括医院的总账、单项账、日记账及医院的总体资产和其他不固定的财产。因此，医院档案的建立可以有效实现医院财务管理内容的扩充和范围的扩大。同时，医院档案中还包括医院签署的各项合同，这些合同内容的明确，也可以推动医院管理工作的开展，并增强医院管理工作的流程性和秩序性。

3.方便医院内部人员查看资料

医院档案的有效建立，可使医院的管理层能够有效地查看医院的医疗用品的采购合同、工程合同、技术合同，以及各项医疗票据，进而有效地掌控医院的各种状况。医院的管理人员及相关的档案管理人员对于医院信息及档案情况的认识更加明确，可以有效地保障医院的管理水平与成效，与此同时，也提升了医院内部人员查看、查找资料的便捷性，从而凸显了档案在医院档案管理中的价值。

4.明确医院财务档案的管理期限

医院档案可以对医院的年度财务情况进行整体的统计，使得医院的财务报告可以按照其管理期限进行排列，有些财务报告较为重要，其管理期限为永久性期限，而有些财务报告则可以按照其重要性划分为五年管理期限、十年管理期限、十五年管理期限等。建立医院档案可以实现医院财务报告内容的完整性和系统性。

（二）提升医院档案在医院档案管理中的地位

提升医院档案在医院档案管理中的地位的具体措施可分为以下四点：

1.有效提升会计档案管理人员的技术专业性

医院在开展管理工作的过程中，应当加强对于档案管理人员的考核和培训，为其提供学习与交流的机会，并且根据考核结果建立相应的奖罚制度，以此激发档案管理人员自主学习的积极性。档案管理人员技术专业性的提升，能够显著增强会计档案的价值体现，从而保障医院档案在医院档案管理中的重要地位。

2.建立专门的部门开展档案管理工作

为了实现医院档案内容的完整性，保证档案分类的系统性，医院在开展管理工作的过程中，应当建立专门的部门开展档案的管理工作，并配备相应的档案管理人员，提高对档案的管理工作的重视程度。

3.着重开展医院的经济管理工作

医院经济管理工作的开展状况，无疑是决定医院发展前景的重要因素之一。应在实践中着重开展医院的经济管理工作，将会计档案应用于经济管理工作的开展过程中。

4.将先进的信息技术应用于医院档案管理工作

随着科学技术的不断发展，信息技术在各行各业中的应用也逐步呈现出了普遍性的特点。将先进的信息技术应用于医院管理工作的开展过程中，可以有效地提升医院档案管理工作的精确性和时效性，进而使得档案管理工作的开展为医院的整体发展提供更大的推动力。档案管理人员技术专业性的进一步增强，将有助于充分发挥档案的实际效用。同时，专门的档案管理部门的建立以及先进的科学技术的应用，都可以使档案在医院的档案管理工作中发挥更大的功效，有效保障自身的地位，引导医院获得更加广阔的发展空间和更加理想的发展前景。

四、医院档案在医院建设中的作用

（一）人事档案在医院人力资源管理中的作用

1.人事档案是医院人事部门办理各种人事手续的可靠凭证

人事档案是贮存人才资源的信息库，可以为当事人落实政策、确定个人"三龄一历"、工资调整、解决生活待遇、办理劳动保险、入党团、办理离退休手续等，提供可靠的凭证。

2.人事档案是医院知人善任、选贤举能的一个重要依据

查阅人事档案是医院在选拔、任用、考察、培养干部，竞聘上岗等方面的一个重要程序和工作制度。如医院在接收新进人员时，都要查阅本人的人事档案，以档案中的学业成绩及思想表现情况作为依据来综合评判并进行政审，完成新进人员的聘用手续。

3.医德档案的建立有利于构建和谐的医患关系

医德档案是医院医德医风建设的主要内容，为职工的应聘、晋职等提供客观可靠的依据。医德档案的主要材料为年度医德（职德）考评表，考评表动态地反映了每一个医务人员的职业道德、工作水平和精神面貌，是医务工作者医德医风的真实记录。

（二）会计档案在医院经济发展中的作用

会计档案可以为医院制订经济计划、进行可行性研究、做出经济决策提供可靠的数据和可比性资料。会计档案保存了大量的原始数据，可以为医院的财务工作和生产经营提供决策依据。会计档案对保护医院财产、监督执行国家财务制度、查处经济案件等有着重要的作用，会计档案还可以为医院的经济发展提供研究史料。

（三）科技档案在医院科技发展中的作用

医院科技档案是指医院在医药卫生科技活动及防病治疗过程中形成的具有保存价值的文字、数据、声像、图表等材料，作为真实历史记录，并且按照一定的归档制度集中起来保管的科学技术文件材料。

医院科技档案能为医院的科研管理、科技决策、科学研究、技术交流、著书立说、职称评聘、经验总结等方面提供信息和依据，起到一定的参考作用。

（四）设备档案在医院运营中的作用

医疗设备档案包括设备购进档案和设备维修档案。设备档案详细记载了医疗设备从申请购买、考察论证、招标谈判、签合同、付款、安装验收、使用维修到报废的动态过程。医疗设备的购置或更新必须经过周密的考察和分析，设备档案也就成为十分重要的第一手资料，充分利用这些信息资源，做好前瞻性、预测性服务，能够为医院的决策提供及时、准确的参考信息。

另外，良好的档案管理还使设备管理部门为设备妥善维修、减少故障发生、确保医疗工作的正常进行提供了重要的保障。

第三节　新形势下医院档案管理

一、新形势下医院档案的现代化管理

（一）新形势下档案现代化管理的意义

医院档案管理是对医院的档案资料进行收集、整理并汇总的过程。档案资料是医院宝贵的资源。伴随着社会的发展，传统的管理模式已经无法适应不断发展的社会需要，亟待进行现代化改革，从而提高档案管理的水平，顺应社会的发展趋势。

（二）医院档案现代化管理系统的基本构成

1.档案储存管理子系统

档案存储管理子系统的主要功能是对档案资料进行自动编码、分配和归档，实现档案存储工作的自动化，极大地减轻了管理人员录入工作的强度，且存储的现代化还能够实现快速的错误纠正，有利于档案的动态管理。

2.档案查询管理子系统

查询管理是档案管理工作的重要方面，是档案利用的关键环节，查询的速度和准确性是衡量档案查询管理子系统查询质量的重要指标，该子系统的应用能够辅助管理人员实现对档案存储信息的快速调阅，提高查阅效率。

3.档案安全管理子系统

档案安全管理子系统的主要作用就是保证档案的安全性，通过现代化的电子安全技术对档案进行保管。具体来说，就是对数据的存储、管理等进行安全监控，发现问题，并及时发出警报，采取针对性的锁定措施，从而实现对档案信息的安全防护。

（三）新形势下促进医院档案现代化管理的相关措施

1.完善档案管理体制

总体来看，医院档案类别众多，内容繁杂，牵涉的人员和科室广泛，进行档案管理必须依托完善的管理机制，从提高管理水平的角度对档案的信息采集、整理、存储和利用等多方面进行制度、流程的制定，构建合理的档案管理体制。在此过程中，档案管理人员要积极听取各方面的意见和建议，在档案管理工作中积极和相关人员进行沟通和交流，不断完善档案管理体制。

2.提高档案管理人员的专业水平

档案管理人员在档案管理的现代化中充当着极为重要的角色，是各类措施的执行者和现代化设备、系统的操作者，其专业性直接决定了档案现代化管理的实现程度。

3.加强对现代化设备的使用

档案现代化管理发展的前提是信息技术的革新和应用，因此，医院应该积极地引进各种新的档案管理技术，借助现代计算机的发展和信息的快速传播，建立相应的现代化档案管理体系。

4.给予档案现代化管理应有的资金支持

档案现代化管理的实现需要软硬兼备，不但要有先进的档案管理软件，还需要有现代化的库房、机器设备等，这一切的实现都离不开资金的支持。因此，医院应该保证档案现代化管理所需的软硬件的购置、人员培训等方面的费用，给予现代化建设应有的资金支持，促进档案现代化管理的发展。

5.做好档案的信息保护工作

将档案置于数据库中保存，一旦程序出错，将会导致数据错误、丢失。而且各类网络漏洞、病毒等都会对档案存储造成极大的影响。因此，对档案进行信息安全防护是极为必要的，是档案管理的重要内容。具体来说，一方面，医院要致力于新的防火墙技术的开发，让档案信息的保存更安全、更可靠；另一方面，医院要提升安全保护意识，加强相关保护措施的制定和落实。

二、新医改下医院档案管理的改进方法

医院作为卫生事业的重要组成部分，通过提供医疗、预防及康复服务，不仅能够帮助患者恢复健康、增强体质，而且可以保障社会劳动力的健康。同时，这些服务还能增强医院自身的实力，提升医疗服务水平。档案是医院管理工作中重要的资源，详细记录

了医院的各项工作，是医院运营、发展过程中必不可少的资料载体，对医院的行政管理工作、学术研究、科技交流以及处理法律纠纷等都发挥着至关重要的作用。

（一）建立完善的医院档案管理制度

建立完善的管理机制是医院档案管理工作顺利开展的重要保证，也是医院正常运转的基本前提。首先，医院管理层必须树立管理出效益的意识，制定合理可行的档案管理制度机制，包括约束机制和奖罚机制，不仅可以有效约束档案管理人员的管理行为，而且能通过奖罚机制有效地提高管理人员的工作积极性。其次，医院应该结合自己的实际情况，优化内部结构、制定工作人员管理条例，为医院档案管理的良好发展奠定基础。最后，医院要改变传统的档案管理工作方式，加大对档案管理工作的财力、物力、人力投入，提高档案管理工作的效率。

（二）提升档案管理人员的专业素质

医院首先要加强档案管理人员的管理技能实践训练，针对具体的岗位发展需求，经常性地开展各种岗位操作训练，让档案管理人员真实体验到岗位工作实践的全部过程。其次，提高档案管理人员发现问题、分析问题和解决问题的能力。加强档案管理人员之间的沟通，培养他们的合作、沟通意识。最后，应该加强对实训岗位的设立，并要建立合理的考核体系，检验档案管理人员素质培养的成果，将理论、实践测试等多种能力测试相结合，注重对人才素质的全面考核，将其培养成应用型创新人才，为医院档案管理工作的开展和创新提供动力。

（三）加强医院档案管理的信息化建设

在信息时代背景下，医院首先需要建立网络化、多元化的组织机构，在基于人性化管理的基础上提高自身管理的效率，实现管理者和管理事务之间权利、义务的平衡。其次，构建适合医院内部管理发展需求的档案信息资源网络服务平台，集档案资源信息的存储、处理和交互于一体，为档案管理工作提供更便捷、更人性化的条件。现在已经进入"互联网+"网络时代，智能手机已经逐渐成为人们获取信息的主要方式，医院可以建立微信公众号和微博账号，提供全面的数字化档案服务，以支持单位内部建设，提高医院的档案管理水平，为医院的发展奠定基础。

综上所述，档案是医院运营、发展过程中必不可少的资料载体。档案管理工作的完善对于提升医院整体管理水平、推动医院学术研究和科技交流具有积极影响。医院需要建立完善的档案管理制度，提升档案管理人员的专业素质，加强档案管理的信息化建设，加大对档案管理工作的财力、物力、人力投入，建立网络化、多元化的组织机构，为医院档案管理工作的开展和创新提供动力。

三、档案管理模式改革在医院档案管理中的应用

作为国家档案的重要组成部分，医院档案存储了大量的医疗科技成果，同时也记录了医院发生的重大事件，为医学科研工作的开展提供了重要的数据支持。近年来，我国的医疗事业取得了显著发展，大大增加了医院档案的数目，对档案管理工作也提出了更高的要求。实际上，我国的医院档案管理工作仍然存在不少问题，对档案管理工作及医院自身的发展造成了严重阻碍。

（一）对医院档案管理工作予以高度重视

为促进医院档案管理模式改革，提高管理质量，首要的一项内容便是加强医院各级工作人员对档案管理工作的重视，将档案管理的重要性详细告知管理人员。例如，设备档案可为医院领导提供更为准确的信息，帮助医院领导做出合理决策，可将医疗设备的效能充分发挥出来，有效避免设备的重复购置以及闲置等问题。除此之外，医疗设备的正常运行也离不开档案的支持，这是因为在维修、保养医疗设备时，需要查阅操作手册以及线路图等信息。会计档案是医院各项经济业务情况的重要记录资料，只有做好会计档案管理工作，才能为医院财政审计提供科学、可靠的凭证。

（二）加快健全档案管理体制

为充分做好医院档案管理工作，促进管理模式改革，医院管理人员还应加快健全档案管理体制。在开展此项工作前，首先，要明确档案管理人员的工作职责，并安排专人来收集、保管各类档案。其次，要全面推行并落实责任追究制。医院为防止出现档案改动及丢失等情况，需要加快档案工作管理制度的建立，全面落实责任追究制，做好材料接收、转入档案查阅等工作。

（三）大力开展医疗设备档案信息化与数字化管理

当前，针对医院档案信息的数量日益升高的趋势，亟待人们建立起以电子档案为主的信息化管理体系。医院要充分满足电子建档的相关要求，及时更新以往的档案管理理念与模式，使工作人员对信息化档案管理的高效性有充分的了解，在整合高效信息化管理流程的基础上，充分降低档案管理人员的工作压力，实现管理效率的提升。同时还要做好档案资料的收集，以及档案信息指标的确立等方面的工作。

此外，还应加快建立配套软件系统，维护并备份档案信息数据。通过科学制定医院档案信息核心指标，严格开展档案的归纳及管理工作，提高档案的使用价值。

（四）加大医院档案服务模式的更新力度

当前，医院档案管理的信息化需求呈现出不断上升的趋势，此时医院需要拓展档案管理服务工作，对档案的服务方式进行调整。例如，在开展医院文化建设方面，可以利用照片档案为院史的编撰提供详尽的第一手资料，有效发挥照片档案的教育和引导功能，在提高工作效率的基础上，促进医院文化的和谐发展。

此外，医院还需对自己的资源进行充分利用，努力拓展医院服务，积极到科室开展调研，改变医院的服务模式，加大上门服务的力度，提高档案的利用价值。医院档案部门应根据社会档案的需要进行改革，做到与时俱进，促进服务方式的创新，主动为医院各部门开展更好的服务，充分利用已经掌握的档案资源，广泛地、多层次地为医院职能科室及临床科室服务，以提高档案管理工作的效率，促进医院的可持续发展。

（五）加强档案管理队伍建设

为将医院档案管理人员的工作积极性充分发挥出来，促进其综合素质的提高，医院应对员工的生活与工作予以充分关心，加大对员工的培养力度。首先，组织部门可以每隔两年举办一次业务知识培训，使其深刻认识到现代化档案管理工作的重要性，并对档案材料的整理、鉴别及归档等技术有一个全面的掌握。其次，做好专职与兼职档案管理人员的配置工作，将其工资待遇落到实处。为统一规范干部档案管理的外在形式，确保档案内容的真实性、完整性及实用性，应建立起一支熟悉各项医院档案业务且责任心强的管理队伍，通过实行奖罚制度，充分激发其工作热情。

第二章 现代医院病案管理

第一节 病案管理概论

一、病案与病案管理的命名和定义

（一）病案的定义

传统医学把患者的诊疗记录称为诊籍、医案或脉案，现代医学则有病案、病历、病史之称。我国卫生健康委将诊籍、医案、病历统称为病案。目前，临床医疗记录常用"病案"和"病历"这两个术语。从字义上看，"案"有"案卷"之义，"历"有"过程"之义。当医疗记录未完成、未归到病案科时，一般称为病历，如医师书写的病程记录。当病案已归到病案科，经过整理加工，装订成册时，可称为病案。有时，这些称呼可以混用。严格地说，病案与病历的区别在于前者指已完成医疗活动的医疗记录，后者是指在医疗活动过程中的医疗记录。

病案是有关患者健康状况的文件资料，包括患者本人或他人对病情的主观描述、医务人员对患者的客观检查结果、医务人员对病情的分析、诊疗过程和转归情况的记录以及与之相关的具有法律意义的文书、单据。记录患者健康状况的形式可以是文字形式，也可以是图表、图像、录音等其他形式，它们的载体可以是纸张、缩微胶片、磁盘、硬盘、光盘或其他设备。

并非所有在医疗过程中所形成的文字都要进入病案，为了避免病案记录冗长，一些与医疗无关的记录不必保存在病案中，如入院通知书、某些申请书、临床患者的表单等，这些都不保存在病案中，也不能称为病案的一部分。

目前，病案的称谓已不再仅指医疗记录，而是指更为广义的健康记录。这种改变首先出现在发达国家，他们在 20 世纪 90 年代初开始使用健康记录这一名称。这与家庭医生制度、社区医疗体系的建立有密切的关系。通过家庭医生或诊所的初步诊疗、健康检查，记录个人健康历史，并在医院接诊前和医疗后对患者的健康信息进行补充，从而形成完整的个人健康档案。病案信息管理也涉及对这些资料的收集与管理。

一份合格的病案应当能够准确地回答"谁""什么""为什么""什么地方"和"怎么样"等问题。病案除了能够回答上述问题外，还要强调记录的完整性、及时性、准确性和一致性。一份好的、合格的病案，不仅应包含有助于医师诊断的信息，还应能够证实医师所采取的医疗行为的合理性。换言之，病案首页与病程记录应当具有高度的一致性。一份高质量的病案应当包含对病情的分析、当前国内外对该疾病的认识、相应的医疗手段等内容。

（二）病案管理与病案信息管理的定义

病案管理是指对病案物理性质的管理，包括病案资料的回收、整理、装订、编号、归档和提供等工作程序。病案信息管理除了对病案物理性质的管理外，还包括对病案记录内容的深加工，从病案资料中提炼出有价值的信息，并对其进行科学的管理，如建立较为完善的索引系统，对病案中的有关资料分类加工、分析统计，对收集资料的质量进行监控，为医务人员、医院管理人员及其他信息的使用人员提供高质量的卫生信息服务。病案信息管理是病案管理的高级阶段，是病案管理本质上的飞跃，它需要更高的技能、更好的工具和更复杂的加工方法。

20 世纪 80 年代初期，针对病案管理工作内涵的变化及发展，国际上普遍认为"病案管理"的称谓过于狭窄，不能涵盖其专业的所有方面，并就是否更名为"卫生信息管理"进行了讨论。在 20 世纪 90 年代初，美国、澳大利亚等国家纷纷将病案管理专业更名为卫生信息管理，同时，相关的杂志、学会组织也更名为卫生信息管理杂志、卫生信息管理学会。实际上，卫生信息管理的含义远大于病案信息管理的概念，任何与卫生相关的信息都属于这个范畴。因此，病案信息管理的称呼更为严谨、科学、贴切，更符合专业的特征。

目前，我国正从病案管理阶段过渡到病案信息管理阶段。大部分地区的病案管理手段落后、方法陈旧、内容简单。少数医院的病案管理已走向精细化、数字化、信息化，但也处于初级阶段。

病案信息学是研究病案资料产生和发展、信息的转换、传递过程、信息系统运行规律的学问，它是一个具有实用性的边缘学科。除病案管理、疾病分类、手术分类等自身专业外，病案信息学还涉及基础医学、临床医学、流行病学、心理学、组织管理学、统计学、计算机技术和国家政策及法律法规等相关专业内容。病案信息学的研究范畴涵盖病案管理、病案部门的组织结构、信息加工技术、操作方法和制度标准。病案信息学的任务是通过理论研究，总结出一套行之有效的技术、方法和标准，以指导实际工作，使病案资料的收集、整理、分类、存储、信息加工等工作流程更加简便易行，更符合时代的特点和客观实际的需要。病案信息学还应当研究病案教学的规律，通过专业教育及继续教育培养人才。

二、病案信息管理

（一）病案信息管理工作的基本范畴

1.收集

病案资料的收集是病案信息管理工作的第一步，也是基础工作。在这一过程中，要掌握资料的源头。对于门诊病案，资料的源头通常始于医疗就诊卡建卡中心或挂号室。因此，建卡中心和挂号室应纳入病案科的管理范畴，这有利于工作流程的顺畅进行。

建卡中心是近年来出现的部门，它的职责是为每一位就诊患者建立一张磁卡。磁卡可分为一般磁卡和集成电路（Integrated Circuit，以下简称 IC）卡，IC 卡又可分为接触式和非接触式。磁卡一般含有患者的身份信息，可以作为患者的唯一标识。磁卡号一般不是病案编号，但应当与病案编号建立关联。磁卡可存放也可不存放钱，医院各科室之间的业务可以通过磁卡建立联系，也就是所谓的一卡通。

挂号室与病案工作有密切关系。患者挂号后，患者挂号的科别、病案编号信息应立即传送到病案科，以便迅速将病案送到相应的临床科室。预约挂号的信息要提前传送，以便病案科提前做出准备。原则上，病案由病案科传送，不应让患者自己去病案科领取病案。在病案管理中形成闭环，一方面是方便患者，另一方面是保证病案的安全，避免病案丢失。

第二个收集门诊病案信息的地方是新建病案处。对于每位需要建立医院病案的患者来说，此处是收集患者最基础的个人资料的最佳地点，患者的基本个人资料包括姓名、性别、年龄、职业、籍贯、身份证号、户口地址、现居住地址、工作单位、电话等。这些信息是建立患者姓名索引和病案首页所需要的原始资料。

门诊病案的其他资料还包括医师记录及各种检验报告。由于检验报告一般都是后送到病案科，因此及时、准确地将这些资料归入相应患者的病案中极为关键，这些资料是医师对患者执行医疗计划的依据。

对于住院病案，其工作流程应始于住院登记。住院登记工作设在住院登记处，由于住院登记处涉及财务收费，所以一般归属财务处领导。住院登记处是收集患者身份证明等基本信息的最佳地点之一，这些信息将用于建立患者姓名索引，并作为病案首页的原始资料，而且病人的入院诊断等信息也是今后统计分析的资料。从信息管理的原则来说，应当让最关心这些信息的部门来把控信息收集的门户，也就是由病案管理人员来负责信息的登记，以确保信息质量得到更充分的保障。

门诊资料和住院资料的收集工作都涉及病案表格的填写。所有进入病案系统的医疗表格，都应经过病案表格委员会的审核，而病案管理人员则是其中的核心工作人员。或者说，所有医疗表格的设计、编制均要在经过表格委员会的批准后方可进行。在印刷之前，还必须由病案科审核后方可印刷。由此可见，表格的设计、审核是病案科的重要工作内容之一。

2. 整理

病案整理是指病案管理人员将收回的纷乱的病案资料进行审核、整理，按一定的顺序排列，形成规范的病案卷宗。整理过程也是对病案完整性的审核和检查过程。门诊病案的整理主要是指将记录按日期的先后顺序排放、粘贴。

住院病案的整理分为 3 种排列方式：第一种是一体化病案（Integrated Medical Record，以下简称 IMR），即将病案记录完全按日期先后顺序排放；第二种是按资料来源排列的病案（Source-Oriented Medical Record，以下简称 SOMR）；第三种是按问题排列的病案（Problem-Oriented Medical Record，以下简称 POMR）。第一种方法不利于资料的比较，因而现在不使用。第二种是目前普遍使用的方法。第三种则是应提倡的方法。在发达国家，POMR 主要用于教学医院中，在我国社区医疗记录中也有这种管理模式。POMR 有结构化的特征，适用于教学医院，有利于电子病案的记录。

患者在住院期间的病案一般采用上下翻动病案夹，这是为了方便医师书写与阅读。经过病案整理环节后的病案最好采用书本式装订（左侧装订）的方式，应避免上装订的方式。

3.加工

医师记录的内容是原始资料，将病案资料中的重要内容转换为信息，称为加工。加工一般是围绕着目标而设计信息的内容。手工加工一般采用索引的形式，这种方式较难提炼深度信息。电子加工通常采用数据库的形式，这种方式可以对数据进行统计、分析、比较，还可以提示监测的信息。目前，我国病案信息管理的加工主要是对病案首页内容的加工，几乎所有的医院都将病案首页信息全部录入计算机，病案首页中的疾病诊断采用 ICD-10 编码，手术操作采用 ICD-9-CM-3 编码。对病案首页内容的加工只是对病案基本信息的提炼。对于随访信息、某些专题研究信息的加工只存在于个别医疗机构中，而且加工方法还处于初级阶段。

加工还应包括将病案资料的载体由纸张转化为缩影胶片、光盘等，将病案资料录入并存储到计算机硬盘中的操作。将纸质病案转为电子病案来储存是病案发展的方向。欧美国家在 20 世纪 50 年代开始采用缩微方式保存病案，随着科学技术的发展，之后又应用了缩微数码技术，现在发展的重点是电子病案。真正意义的电子病案是指病案的全部内容可以随意确定检索。我国卫生健康委认为，电子病案是指具有合法电子签名的电子载体记录。电子病案是信息加工的基础，其优点主要包括可以降低医疗费用、提高医疗安全、提高工作效率。因此，电子病案成为各国关注和开发的重点。

4.保管

保管是指对入库病案的管理，对病案库的环境有一定的要求，如病案库的温度、湿度、防尘、防火、防虫害、防鼠、防光等。

病案的保管一定要有科学的管理方法，如科学的病案排列系统、病案编号系统、病案示踪系统，而且还应当有好的管理制度，如病案借阅规定及防火、防盗制度等。

在病案信息管理中，没有最好的病案信息管理体系，系统完善、流程合理就是最好的。要保障病案的及时回收入库，要能说清病案的去向，要随时保证病案处于可用、可获得的状态。病案的保管应视各医院的条件、环境、病案流通量等因素来决定采用某一管理体系。较为理想的病案保管体系是：单一编号+尾号排列+颜色编码+条形码+计算机管理。

单一编号可以保证病案的唯一性，可以使医师一次性、不遗漏地获得患者的全部资料。尾号排列可以加快纸质病案的检索、归档速度，而且可以保证工作面的平均，最大限度地减少病案移架的情况。颜色编码可以减少病案归档的错误率，即使发生错误也可以在最短的时间内给予纠正。条形码可以有效地控制病案的去向。计算机管理则可以提高病案管理的准确性。

5.质量监控

病案质量监控是病案科的一项重要工作，它通过查找质量缺陷，分析造成缺陷的原因，最终达到弥补缺陷（提升服务效率、降低成本、增加效益等），避免缺陷再发生等目的。

病案质量监控包括病案管理质量监控与病案内容质量监控两部分。病案管理质量监控是指对病案信息管理工作进行检查、评估，如出院病案的回收率、门诊病案的当日回库率、疾病分类编码的准确率等。通常，对病案本身记录的检查也包括在病案管理质量监控中。病案内容质量监控主要是指对病案书写质量的检查，包括环节质量监控和终末质量监控，它是医疗质量监控的重要手段之一。病案管理质量监控一般由接受过病案信息管理专业培训的人员来完成，病案内容质量监控需要由有良好医学背景的人员来完成。

6.服务

病案只有使用，才能体现其价值。除医师外，其他医务人员、医院管理人员、律师、患者及家属、医疗保险部门等都需要使用病案。越是近期建立的病案，使用频率越高。越是有价值的病案（特殊疾病、特殊人员、死亡病例），使用频率越高。保管好病案的目的是更好地使用病案。因此，病案信息管理人员不得以任何理由来限制病案的合理、合法利用。医疗机构也应当为病案的利用提供人力、物力保障。

病案信息作用的体现同样是利用而不是看管。因此，病案信息管理的一个重要环节是服务。服务分为两类，一类是被动性服务，是指根据用户的需求提供信息或病案，如提供门诊、急诊或住院医疗所需要的病案；另一类是主动性服务，如主动地向医务人员提供存储的病种信息、管理信息，协助医务人员及医院管理人员设计研究方案，利用专业数据库查询研究数据、摘录数据和处理数据等。

病案资料的社会性利用在近年来有较大的发展，原因主要有两点：首先是患者流动性大，需要持医疗文件转诊；其次是医保部门在审核过程中，要求患者提供病案复印件。这些用途均获得了相关法律法规的支持，因此病案科应当提供相应的服务。

（二）病案信息的作用

一份病案可谓集医疗信息之大成，一些病案资料本身就具有信息的特征。例如，使用者可以直接从检验报告中获取信息，了解患者的疾病严重程度。病案所具有的信息作用主要是那些能直接提供医疗服务的资料，还有一些病案资料需要通过加工才能具有信息作用，属于管理信息类。总之，病案具有备忘、备考、守信、凭证的功能，这些功能在医院病案管理中发挥着不同的作用。

1.医疗作用

病案的医疗作用主要是备忘。没有一个医师可以永久记住一个患者的健康状况，特别是一些细节。

在现代社会中，医疗是一个整体行为，医师、护士和医疗技术人员都直接参与到患者的医疗过程中。医院虽可缺少特定的临床专科，但若无病案，则无法开展正常的医疗活动。病案可以确保每位参与治疗医务人员对患者的病情有详细的了解，避免重复检查，减少过度医疗甚至错误医疗的行为。

病案记录是医务人员诊断和治疗疾病的基础。病案资料有助于维系医疗团队内部或不同医疗机构间的信息传递，成为医务人员工作的桥梁和纽带。病案的备忘作用使得医务人员能够迅速了解患者的健康史、家族史、既往病史、近期用药史、医疗史、药物过敏史等关键信息，对当前患者的病情评估和诊疗计划至关重要。

2.临床研究与临床流行病学研究作用

临床研究与临床流行病学研究利用病案的备考功能。临床研究主要关注个案或多个案例的研究，而临床流行病学研究则关注疾病在家族、人群中的流行与分布规律。通过统计分类、比较和观察病例之间的特性与关联性，研究者能够解释疾病的发生和发展规律，从而确定最佳治疗方案。为了充分发挥病案的备考功能，除了病案本身，还需建立完善的索引系统作为辅助。

3.教学作用

病案在临床教学中的应用同样依赖于其备考功能。由于没有一种疾病的临床表现是完全相同的，不同体质和年龄的患者对同种疾病有不同的反应。教科书中的典型病例仅能提供典型的诊疗方案。病案的多样性使其成为"活教材"，其实践性在于记录了对疾病认识、辨析、治疗成功与失败的过程。

4.医院管理作用

病案在医院管理中的作用也依赖于其备考功能。病案中包含大量的人力、财务、疾病和手术操作信息。通过对病案资料的统计加工，可以了解医院的医疗水平和管理水平，进而提高医院的管理效率和医疗质量。例如，门诊量的增减、住院病种的变化、住院天数、医疗费用和医疗质量等都是医院管理层关注的内容。统计和分析这些变化的原因对于医院制定管理目标和评价管理质量具有重要意义。

5.医疗付款作用

病案在医疗付款中的凭证功能日益凸显。随着我国医疗改革的深入，基本医疗保险制度和商业医疗保险制度逐步实施，病案在医疗付款中的凭证作用变得越来越重要。病案的丢失可能导致医疗付款中的凭证缺失，从而遭到拒付。例如，如果医嘱中记录了抢救费，病案记录中必须有抢救记录来证实抢救行为的存在；如果医嘱中收取了 CT 检查费，则病案中必须有 CT 检查报告，否则会被视为未执行检查，拒付检查费。这对病案记录的完整性、保管的完好性提出了严格的要求。

6.作为医疗纠纷和医疗法律证据的作用

守信是医患之间建立法律关系的基础。医患关系是一种特殊的消费者与服务者关系。患者向医疗机构购买服务，医疗机构为患者提供服务，并承诺服务的质量。医患之间存在守信问题。

医疗行业是一个高风险市场，医院以患者为服务对象，在治疗过程中容易发生医疗意外、事故、纠纷和法律事件。病案中包含一系列患者或家属签字的文件，如住院须知、手术同意书、危重病情通知书等，这些文件均具有法律效力。在法庭审判中，病案几乎成为唯一的证据。如果病案记录不恰当、不完整、不准确或有不合法的修改，在法庭上将成为不利证据。如果医院无法提供病案，后果将更为严重。

除了守信功能外，医疗纠纷和法律依据的功能还涉及病案的备考功能，它可以证实医疗活动的真实性。

7.医疗统计作用

病案在医疗统计中同样利用了其备考功能。病案涵盖了患者身份证明和相关医疗活动信息，是医疗业务活动数量和质量统计分析的原始资料，是医院领导制定计划、监督和指导工作的必要统计数据。国家规定的医疗统计指标均可从病案信息中获取。医疗统计数据可为国家卫生统计部门提供疾病分布、发病率、死亡原因等信息，为疾病的防治和监测提供参考。

8.历史作用

病案的历史作用运用了病案的备忘和备考功能。病案记录了个人的健康历史，也记录了人类对疾病的抗争史，同时，病案记录还可以反映某一历史时期的特殊历史事件。

（三）各类人员与病案信息

做好病案信息管理工作不仅是病案管理人员的责任，也是全体医院职工的共同责任。每位职工对病案都负有一定的责任。病案是医院的财产，要保证病案的正常流通，保护它的完整性。

1.医院管理人员

医院领导层负责选派适当的人员负责病案科工作。病案信息管理是一门专门学科，病案科的负责人应当具备专业能力，有一定的实际工作经验和组织能力，具有较强的人际沟通能力。负责人的选择，应避免只注重学历而忽视能力的情况，其他专业人员必须经过若干年的锻炼才能成为病案管理人员。

随着现代科学技术的发展，在病案科的工作中，计算机的使用越来越普遍，不能掌握计算机的应用，不能掌握一定的医学知识、病案管理知识的人，是不能胜任病案管理工作的。

医院管理人员应在人、财、物等方面给予病案科适当的支持，并监督、督促病案信息管理工作，了解病案信息管理工作的内涵，协调病案科与全院的关系。

2.医务人员

医务人员，包括医师、护士和医疗技术人员，是病案的记录者。

病案的价值在很大程度上取决于医务人员记录的准确性和完整性。中华人民共和国国家卫生健康委员会（以下简称卫生健康委员会）对病案记录有明确的规定，医务人员必须遵守国家及卫生健康委员会颁布的法律法规，严格执行病案记录书写规范，确保诊断、治疗、检查、护理过程及结果的准确、完整记录，并及时收集患者的健康信息及具有法律效力的签字文件。在医疗活动中，医务人员是病案资料的首要负责人，需确保病案的安全及信息不外泄。在医疗活动结束后，医务人员仍需协助病案人员妥善保管病案。

医务人员在借阅病案时，应在病案科内进行，并严格遵守借阅制度。使用病案时，应爱护病案，禁止涂改或私自隐匿。若因特殊原因需外借病案，必须办理正式借阅手续，并留下有效联系方式，使用完毕后应立即归还病案科。

3.病案信息管理人员

病案信息管理人员的职责包括收集、整理、加工、分类、统计和保管病案信息，并提供相关服务。病案信息管理人员应具备严谨的工作态度、奉献的服务精神、合理的管理方法以及不断进取的创新意识。应倡导主动服务理念，尽可能满足合理合法的病案使用需求，提供优质、热情的服务。对于不符合要求的病案使用申请，应坚持原则，遵守职业道德，保护患者隐私及医院、患者的利益。

4.患者

病案是医院的财产，患者无论出于何种原因，均不得擅自取用。病案内容涉及患者个人隐私，患者可根据卫生健康委员会关于病案复印的相关规定申请复印病案。患者在申请复印时，应提供真实、可靠的个人信息和病情描述。若因个人原因导致记录错误，患者需承担相应的法律责任及经济责任。

三、病案信息管理的发展趋势

我国病案（卫生）信息管理的发展迅速，但不平衡。在经济发达的地区，不少医院已建立院级局域网。总体上讲，病案信息管理的发展趋势正逐步向信息管理和计算机化方向发展。病案（卫生）信息管理的发展趋势如下：

（一）支持医院经营管理

医疗产业概念在当下已广为人知，医院管理的一个核心工作是经营管理。因此，未来医院的管理者不一定是临床医师，而应是具备一定医疗知识的经济师和专职的管理人员。医院之间的竞争，本质上是服务质量的竞争。

医疗效率是医院经营管理的核心，需控制患者合理的住院天数。医疗收费模型通常呈现偏态分布，即主要的医疗活动集中在住院初期，而后期的医疗活动减少，患者处于康复期。有效减少患者的住院天数将有助于提高病床周转次数、增加医疗收入。

经营管理应逐步走向精细化，需细化到个人、病种、环节。明智的管理者会主动适应时代发展，转变观念，从长官意志管理和经验管理逐步向科学管理过渡，懂得利用病案信息进行医院的经营管理才可能成为科学的管理者。

病案是医院经营管理的有效资料来源，它包含了费用信息、住院信息、医师信息、疾病及手术信息等，当这些信息被分析利用时，将会产生良好的经营管理效果。

（二）支持医疗管理

医疗质量与医疗安全是医院管理永恒的主题。临床路径不仅可用于费用管理，也可用于监管医疗过程，了解医疗过程中的变异因素。医疗准入也是医院管理的重点之一，可以有效地减少医疗纠纷，提高医疗质量。对于有创操作、手术等医疗行为应当分级分类，只有当施行的操作达到一定数量时，第一助手才可以在上级医师的指导下操作，第一助手在操作积累到一定的数量级后才可以独立操作。这些规定不仅与医师的职称相关，更重要的是与医师的经验和能力相关。医疗准入制度可以有效地降低医疗事故，减少医疗纠纷，保障医疗安全。

（三）病案管理向病案信息管理方向发展

病案的作用已不仅是传统的医疗作用，当今它的作用得到了扩展、延伸。原始病案资料在许多场合已不能满足各方面的要求，因此需要对信息进行加工和管理。目前，我国医院的病案信息加工基本上限于病案首页，这还仅是初步的、基本的信息管理。病案中还存在丰富的信息，有待管理者进一步开发。病案信息还可以与其他管理信息结合，发挥更大的作用。

病案管理朝病案信息管理方向发展的具体表现是病案的电子化。在当今的电子（Electron，以下简称 E）时代环境下，卫生是 E 卫生，病案也必然要 E 病案。电子病案的概念绝不是一般地利用计算机的录入、输出功能，目前不少医院都存在简单地利用预先写好的某种疾病的病例模板，将同种疾病不同患者的病案套入其中的问题。这是一种简单的复制，失去了每个病例的特异性。

通过电子病案，患者在医院的任何专科治疗都可以获得在医院各部门治疗的医疗信息，电子病案有警示系统，当出现不正常的化验报告或药物配伍有禁忌时，计算机可以发出警告；电子病案系统还应当有电子资料库的支持，可以连接到一些电子图书、杂志资料库。当需要了解某种病的最新诊断、治疗方法时，可以获得参考资料，循证医学的方法可以直接引入治疗过程中。

（四）对传统纸张病案及索引的电子化加工

在对新信息进行收集、加工和管理的同时，也需要对传统的资料进行加工、管理、转换。这是一项早晚都要完成的工作，也是一个阶段性的工作。一旦完成了转换，对于不再使用的纸质病案可以择地另存，对于超过保存年限的病案，也可以销毁。

纸质病案转换为电子病案一定要考虑医院电子病案的进程，最好与医院的电子病案系统同步。在销毁超过保存年限的病案时，应严格地按照规定执行，患者姓名索引一定要永久保存。

第二节　病案基础管理

一、患者姓名索引

索引是加速资料检索的方法。索引通常需要将资料归纳成类、列成目录，并按特定的标记和一定顺序排列。病案中包含了很多有关患者、医师和医疗的信息，为了加速查找，都可以制成索引，如患者姓名索引、疾病索引、手术操作索引、医师索引等。

医院的工作是以患者为中心的，接待着成千上万的患者。在为每位就诊患者建立病案的同时，应为其建立姓名索引，这就代表着医院与患者建立了医疗关系。患者的姓名索引也就关联着患者和他的病案。任何医院、诊所及初级卫生保健中心都必须建立患者姓名索引，它可以是列表式、卷宗式或卡片形式。患者姓名索引是医疗信息系统中最重要的索引，通过患者姓名索引可以链接所有的医疗信息，患者姓名索引通过识别患者身份来查找病案，因此被称为患者主索引（Patient Master Index，以下简称 PMI）。在构建医院电子信息系统的过程中，该索引作为基础架构的核心部分，应当被优先考虑并建立。在有条件的医院，应当使用计算机管理患者姓名索引。

在病案管理过程中，超过一定年限的病案可予以处理甚至销毁。但患者姓名索引不可以也不应该被销毁，它是永久性保存的资料。

（一）患者姓名索引的内容

患者姓名索引中的内容可根据各医院或诊所的需要而设计。通常姓名索引中仅记载那些可以迅速查找某一病案的鉴别性资料。因此，没有必要将医疗信息，如疾病诊断及手术操作等内容记录在患者姓名索引中。患者姓名索引的主要内容如下：

第一，患者的姓名（包括曾用名）。

第二，患者的联系地址（包括工作及家庭住址）。

第三，病案编号。

第四，患者的身份证号。

第五，患者的出生日期（年、月、日）及年龄。

第六，国籍、民族、籍贯、职业。

第七，其他有助于鉴别患者身份的唯一性资料，如未成年人父母亲的姓名等。

第八，可附加的资料，如住院和初诊科别、出院日期；治疗结果（出院或死亡）。

由于姓名索引是在患者首次就诊时建立的，因此建立过程比较费时，有一些信息可以通过信息提取技术进行采集。例如，要求患者出示提供身份证原件，通过二代身份证扫描技术来获取患者的基本信息。

姓名索引的内容也需要更新，如地址、年龄等。

（二）患者姓名索引的作用

1.查找病案

通过患者姓名索引查找病案编号是它的基本功能和主要作用。

2.支持医院信息系统主索引

患者姓名索引的内容也是医院信息系统的基本内容，其作用不只限于识别病案，还可以识别患者，联系患者所有的资料。

3.支持患者随诊

在临床研究中，随诊是重要的环节。患者的个人信息和住址可以使医师与患者保持联系，获得患者出院后的信息。

4.支持某些统计研究

可为某一目的的统计提供数据，如人口统计、流行病学统计等。

（三）建立患者姓名索引的流程

1.患者信息的采集

在门诊患者建立病案和住院患者办理住院手续时，应由患者填写身份证明资料，要求每项信息填写完整、正确，并由工作人员认真审核。

2.核对患者身份证明资料

由病案科的工作人员对患者填写的身份证明资料进行查重，确定患者是否建有病案。

3.填写患者姓名索引卡

如果患者以前没有建立过病案，患者姓名索引中就不会有他（她）的记录，应为其建立患者姓名索引卡（手工操作），并录入计算机患者姓名索引系统的数据库中。

4.患者姓名索引的保存

使用手工方法建立的患者姓名索引卡，应对患者姓名标注汉语拼音，按拼音顺序排列，并归入卡片柜内，也可以利用现代化的手段建立计算机患者姓名索引系统数据库，并编排储存。

二、病案的编号

病案编号是病案的唯一标志。收集患者身份证明资料及分派病案编号是对每位就诊或住院患者做的第一步工作，也是以后获得患者身份证明资料的唯一途径。编号管理是对资料进行有效管理的最为简便的方法。

ID（Identity document）是身份标识号码的意思，在医疗信息管理中就是一个序列号。ID 是一个编码，而且是用来标识事物身份的唯一编码。针对某个患者，在同一系统中，它的 ID 号是不变的，至于采用何种方式进行编码，则由系统设计者制定的规则来确定，这个规则有一定的主观性，例如员工的工号、身份证号、档案号等。

病案编号（Medical Record Number，以下简称 MRN）是根据病案管理的需求，以编码的方式而制定的、有规则的患者身份标识码，是人工管理病案的标识码。用现在的观点来说，病案编号也是一种 ID。

计算机软件介入到医院门诊管理工作中，使得管理未建立正规病案的门诊患者成为可能，为这些患者分配一个可以唯一识别的 ID 是非常重要的，这也就是我们常说的门诊就诊卡中的患者 ID。这通常指的是门诊就诊卡中的患者 ID。由此，出现了两种号码：一种是未建立正规病案的门诊患者的 ID，另一种是已建立正规病案患者的 ID。显然，已建立病案的患者以 MRN 作为唯一标识，而未建立病案的患者则依赖于 ID 进行识别。实践表明，对于已建立正规病案的患者，使用病案编号作为唯一标识是必要的，若以电子计算机的 ID 号替代病案编号来识别患者，将不可避免地导致医院内部医疗信息的混乱。

（一）病案编号系统

1.序列编号法

该方法规定，患者每次住院或门诊就诊均分配一个新的病案编号，视患者为新患者，建立新的患者姓名索引及病案，并与患者以往病案分别存放。此法导致患者在同家医院可能拥有多个病案记录。随着就诊和住院次数的增加，患者资料分散程度加剧。该分割式管理患者医疗信息的方法将影响医疗的连续性，易导致人力资源和医疗资源的浪费，难以提供完整的患者医疗资料。

2.统一编号法

统一编号法将患者所有医疗记录集中于单一病案编号下进行管理。患者首次来院就诊时，无论住院、急诊或门诊，均赋予一个唯一的识别号，即病案编号。

采用此法，患者无论在门诊、急诊或住院治疗多少次，均使用同一病案编号。其特点在于每位患者仅有一个病案编号和一张患者姓名索引卡，所有资料集中于一份病案，涵盖不同时间段、不同诊室和病房的记录。若患者存在多份病案，亦可采用统一编号系统将分散的病案整合，确保患者资料信息的连续性和完整性。

3.序列统一编号法

序列统一编号法结合了序列编号法与统一编号法的特点，息者每次就诊或住院均分配一个新编号，同时将旧编号并入新编号中，最终患者仅保留一个病案编号。

在归档或检索过程中，需在原病案编号位置设置指引卡，以指示病案最终位置。因此，若患者频繁就医，病案架上指引卡数量增多，患者姓名索引资料也需要频繁更新。若使用患者本次就诊前的病案编号检索病案，需依指引卡顺序逐一查找。此法不仅耗费人力和物力，也会降低了病案供应的效率。

（二）病案编号的类型

1.按数字顺序编号

鉴于医院患者流动性大，病案数量迅速增长，采用数字编号法管理病案相较于其他方法更为高效，便于病案的归档、排序、检索以及信息的加工和整理，同时便于编制索引。具体操作为依据阿拉伯数字顺序，从 0 开始，依据时间分配号码。序列编号法和统一编号法均采用此法。

数字编号法在病案管理中的优势在于其操作简便、易于管理，且应用范围广泛，尤其适用于计算机管理系统。

2.其他编号方式

（1）字母-数字混合编号

字母-数字混合编号法结合了数字与字母的使用，其优势在于能够应对大规模编号需求，例如用 AA9999 代替 999999。

然而，该方法存在以下缺陷：

第一，容易出现字母书写错误或遗漏情况。

第二，患者往往忽略病案编号中的字母部分，仅记住数字编号，导致提供错误的病案编号。

（2）关联性编号

关联性编号指的是编号中的全部或部分内容与患者具有某种关联。例如，采用出生日期的后六位数字，加上性别标识数字（奇数代表男性，偶数代表女性）、地区编码数字以及 2～3 个或更多的数字作为顺序号，以区分生日相同者。在计算机系统中，还应包括 1～2 个校验值。

关联性编号的优点包括：

第一，便于记忆和查找。病案编号中含有与患者相关的部分信息（性别、年龄、出生日期），便于患者记忆；在检索患者姓名索引遇到困难时，可以根据出生日期或其他相关信息快速定位病案。

第二，易于区分。

关联性编号的缺点为：

第一，增加了记录错误的可能性。由于号码较长，记录错误的机会相应增加，特别是在非自动化系统管理中。

第二，数字容量有限。

第三，管理不便。若在建立病案时未知患者出生日期，需使用临时号码代替，一旦得知生日则需变更号码，这将给管理带来不便。

（3）家庭编号法

家庭编号法以家庭为单位进行编号，为每个家庭分配一个编号，并附加数字以区分家庭中的每个成员。家庭中每位成员的病案（或健康档案）分别用夹子（或袋子）保存，然后将所有病案按家庭单位和数字顺序分组排列。

此方法的主要不足在于：家庭成员变动，如离婚、病故等，会导致家庭人数和其他数字的变化。

（4）冠年编号法

即在数字号码前冠以年号，年与年之间的号码不连续。

例如：1992 年的病案编号从 92-0001 开始编号，任其发展，至年终截止，下一年度更新年号，1993 年的病案编号从 93-0001 开始编号。

该方法的优点是能够直接从病案编号中获取每年病案发展的趋势。

（三）病案编号的分配

高效的病案管理系统应当能够对病案进行有效控制，从患者建立病案之初即应实施有效管理，包括建立相应的登记、索引和编号分配机制，避免在患者出院后进行这些工作。只有在患者入院时或住院期间完成病案的登记工作，才能确保资料的完整性和准确性。

编号的分配主要存在以下两种模式：

1.集中式分配

通常由病案科负责分配编号。患者到达登记处时，工作人员需与病案科联系以获取新的编号。

在登记处（或住院处），工作人员将患者的病案编号、姓名、性别、出生日期及其他相关信息登记完毕后（一式两份），将其中一份交予（或通过电子方式传输至）病案科。

无论是手工操作还是电子化设备辅助，编号的分配过程都应详细记录，以确保编号的准确发放，防止编号的遗漏或重复。

2.分散式分配

若存在多个登记处，病案科应将预先确定的大量供新患者使用的编号同时分配至各登记处。每组编号的数量应根据各登记处的工作量来确定，这些编号应受到限制并严格控制，登记处应将每日编号分配情况反馈给病案科。然而，若多人负责编号分配，将增加编号重复使用的风险，因此医院应制定相应的控制措施。

（四）编号的控制

无论是集中式分配还是分散式分配，关键在于拥有有效的编号分配控制方法，可以使用总登记簿或计算机系统来控制编号的分配。计算机程序或登记簿上应记录所有已分配和待分配的编号，编号分配后，应立即在该编号后填写患者姓名，并记录分配编号的日期。

1.门诊病案编号的控制

（1）专人负责

应由专人负责编号的分配，预先编号的病案应事先进行检查和核对。

（2）查重制度

患者新建病案时应严格执行姓名索引的查重制度，在确认未建立病案后，再进行编号分配。

（3）核对制度

医院应建立病案编号分配的核对检查制度。

2.住院病案编号的控制

（1）病案科专人管理

病案科应由专人负责管理编号的分配，包括手工管理和计算机管理两种方式。在进行手工管理时，病案科以列表形式分配编号，住院处每接收一名患者，必须按列表上的编号进行销号式分配，并在编号后填写患者姓名，然后将编号列表单反馈给病案科。使用计算机网络系统可以实现数据共享，计算机将自动控制病案编号的分配，当接收到住院处发出的新患者身份证明资料时，经过核对后才会分配新编号。

（2）逐一核对病案编号

病案科应每日对新入院的住院患者进行逐一核对，若发现有使用旧病案编号的情况，应将新病案编号再次分配给住院处，并找出老病案送至病房，同时通知病房及住院处更改病案编号。

（3）填写病案编号

对于有正式病案的患者，在填写入院许可证时必须清晰填写病案编号。

（4）科室间密切合作

住院处需与病案科密切合作，详细询问患者，准确收集患者身份证明资料，认真填写住院登记表。

3.编号的分配时间

病案编号不应提前分配，必须在患者首次建立病案及第一次办理入院手续时进行分配。患者入院后，所有与患者相关的医院记录均应以分配的病案编号作为识别标识，不应在患者出院后分配病案编号。

三、病案的归档

对病案不能进行有效的管理必将严重影响医院的日常工作。因此，病案科的核心职能在于构建一套完善的制度体系，确保病案在医疗实践、医学法律事务、数据统计分析和科学研究等领域的高效应用。

对病案科工作的评价是根据病案科为各部门的服务效率来判断的，即病案在医疗需求时应具备即时可获取性。因此，在病案管理过程中，病案科的工作效率以及对病案的管理控制是两个必须考量的关键要素。

（一）病案归档方法

病案的归档是指根据病案编号将病案按一定的顺序进行有序排列和上架，以便能快速且便捷地查阅和检索病案。

好的归档方法有利于对病案进行有效控制，不同规模的医疗机构采用的归档方法亦可不同。我国使用的病案归档方法有以下几种：

1.按姓名排列归档

如果不按病案编号归档，患者的姓名则是检索病案的唯一依据，可将患者姓名按汉语拼音顺序排列，此种归档方法只适于病案数量很少或患者流动量非常小的诊所或医务室。

2.按户口集中存放归档

这种方法适于街道保健机构，以户口为依据，类似于家庭编号，为家庭中的所有成员分别建立病案，但都集中装在户主的封袋内。归档是按街道、里弄（胡同）、居民住宅楼编成次序，再按门牌号码编序。病案架也按街道、里弄（胡同）、居民住宅楼标记，病案依据户主居住的门牌号码存放在病案架上。通过这种方法可以掌握每个家庭成员的健康状况，适用于开展社区医疗。

3.按号码排列归档

采用号码归档有多种方法，具体如下：

（1）数字顺序号归档

数字顺序号归档法是指直接将病案按数字的自然顺序排列归档。采用这种方法归档可以反映病案建立的时间顺序。数字顺序号归档法的优点包括：易于掌握、简单易行，易于从储存架上检索号码连续的病案。数字顺序号归档法的缺点有以下方面：

第一，容易出现归档错误。

第二，容易照抄已写错或读错的号码，如将 1 写成 7。

第三，容易将号码上的数字换位。

第四，由于最大的号码代表的是最新更新的病案，因此就会使大部分近期使用频繁的病案集中在病案库房的某一区段归档。

第五，由于大部分病案和检验回报单要在同一区域归档，因此此方法会影响对病案人员归档工作的分派。

（2）尾号归档

为了提高检索和归档的效率，可以用尾号归档取代数字顺序号归档。采用这种方法归档的目的是减少和杜绝归档错误，提高归档的速度和准确率。尾号归档分为两种，即尾号切口病案排列归档法和中间号归档法。

（3）尾号切口病案排列归档法

在门诊医疗记录管理中，尾号排列归档法被广泛采用，尤其适用于门诊患者较多的医院。该方法相较于其他归档方法，具有快速简便的优势。

（4）中间号归档法

中间号归档法的优点基本与尾号归档法的优点相同，其缺点是学习和掌握此方法较为困难。因病案编号不是均匀分布，当旧病案被移至不活动病案库时，就会出现空号现象，如果病案编号多于 6 位数，此方法效果并不好。

4.病案编号的色标编码归档

色标编码是指在病案夹的边缘使用不同的颜色来标志病案编号，以颜色区分号码。这是为了使病案管理人员便于识别病案编号，避免出现归档错误。使用色标编码要比按尾号和中间号排列归档病案的方法更方便。

（二）归档系统的转换

在归档系统转换过程中，需充分考虑转换工作的复杂性、所需时间及准备工作。无论选择何种系统转换，都需要考虑病案位置移动及其他相关问题。

1.转换工作的要求

（1）事先设计转换方案

要考虑病案数量，考虑时间、空间和物资等需求。如对于时间需求，要考虑需要多少天可以完成系统转换，是否可以分段进行，会不会干扰正常工作；对于空间需求，则需要计算归档病案的架位；对于事先需要准备的物品，如病案条形码、色标、病案封面等需要事先准备好。设计方案要经过大家的讨论然后提交上级部门审批。

（2）对人员进行培训

归档系统的转换改变了日常习惯的操作方法，必须经过专门的培训才有可能圆满完成。培训除理论讲解目的、意义、方法外，还要在模拟现场进行操作练习。

（3）进行必要的物质准备

充足的库房空间与病案架是病案转换的前提，除此之外，还应根据病案存储的数量安排好转换的时间。

2.转换的步骤

第一，培训工作人员熟练掌握尾号归档法。

第二，调查、计算年病案更新数量，并计算几年内所需病案架的数量，准备足够的病案架，并把所有病案架按尾号排列规划。

第三，计算并准备好所需指引卡的规格及数量。

第四，在转换排列过程中，注意找出以往错误归档的病案。归档方法的转换等于将病案进行重新组合，在这一过程中应注意纠正过去难以发现的差错。

第五，未在架上的病案应填写好示踪卡，指明去向（包括已丢失的病案）。

第六，筛选不活动病案，并按顺序号将不活动病案存入第二病案库。不活动病案在患者就诊时再行转换。

第七，转换过程中还应注意更换已破损的病案封皮（袋）。

（三）归档工作要求

1.归档是一项重要工作

归档时要认真细致、思想集中、看准号码，不要抢时间。

2.防止归档错误

防止将号码看颠倒、字形看错，或将双份病案放入一份病案内等错误。

3.归档工作要坚持核对制

采取归档"留尾制"，即不要一次性把病案全部插入，要留一小部分于架外，经核对无误后方可将病案全部推入架内。

4.保持病案排放整齐

归档时应随手将架上的病案排齐。病案排放过紧时，应及时移动、调整，保持松紧适度，可防止病案袋破损，提高工作效率。

5.破损病案的修补

应在归档前对破损的病案袋或病案进行修补。

四、病案的供应

病案管理的目的在于病案的利用。如果只知道保管病案而不去利用病案，就失去了病案管理的意义。病案科的主要职能在于为临床医疗及患者服务提供支持，病案管理的核心目的在于提供服务与资料。病案的有效利用是其产生价值的关键，因此，病案供应在病案管理中占据着至关重要的地位。在为医疗、教学、科研服务的过程中，病案供应环节不可或缺。病案供应的效率与质量是衡量病案科学管理成效及病案工作人员辛勤劳动成果的重要指标，同时也是评价病案管理水平的关键标准。因此，病案供应工作的表现直接反映出病案管理的整体效能。病案供应人员在执行职责时，必须确保检索病案的高效性、提取病案的准确性，并对病案需求方展现出高度的责任感与良好的服务态度。

病案供应工作涵盖检索、记录、传递、回收、整理、粘贴、审核、检验报告单的反馈以及归档等多个环节。上述各环节的执行质量直接关系到医疗、教育及科研活动的顺利进行。因此，对于病案供应工作的各个环节，必须制定明确的操作规程和执行标准。

（一）病案供应工作的原则

首先，在确保安全、保护隐私、维护医院利益、保障医师知识产权以及符合医院规定的基础上，应尽可能地提供病案服务。

其次，病案的使用应限于医疗或教学目的。病案保存的主要是为了患者的继续医疗，因此病案科需及时将病案送达临床医师。一份高质量的病案包含典型病例，是临床教学的重要资源，必须在教学活动中展示。

第三，所有借出的病案均需实施追踪措施，以明确病案的去向。可采用示踪卡、登记本、登记表、条形码计算机追踪系统等方法，建立有效的病案控制机制。

第四，所有借出的病案必须按时收回并及时归档，严格执行病案借阅制度。

第五，鉴于病案涉及患者隐私，为确保病案的安全，病案在用于科研、查询、复印等用途时，必须在病案科内进行。

必须建立有效的病案控制方法，以最大限度地确保病案的保管和使用。病案科或病案供应工作的负责人，应对病案的保管和使用负全责。在借出病案时，负责人必须明确使用者身份、使用地点及使用时长。医院应掌握和控制病案的流动情况，每位负责病案供应的工作人员都必须遵守病案供应工作的原则。

（二）病案供应的种类

1.门诊病案供应

门诊病案供应常在紧张的环境下进行，此工作对时间要求严格且易出差错。工作人员需在短时间内将大量病案分送至各诊室，因此必须严格遵守操作规程，细心、迅速、准确地查找和调运病案，以避免因差错导致病案往返调换，影响患者就诊时间。预约挂号可使门诊病案供应在患者就诊前一天准备就绪，为供应工作提供充足时间。目前，我国大多数患者仍选择当日就诊当日挂号，导致就诊当天需查找使用的病案数量较多，查找时间紧迫，这成为门诊病案供应的显著特点。

2.急诊病案供应

急诊病案供应需安排专人负责查找，要求迅速查找并及时送出病案。特别是对于近期曾就诊或出院的患者及与前一次诊治或处理有密切关系的患者，更需快速准确地提供其病案，以免延误病情和抢救时机。

3.预约门诊的病案供应

门诊预约挂号的病案供应特点为供应时间较为充裕，这要求工作人员更加认真、细致地核对，确保准确供应，保障患者按时就诊。医院采用电脑管理预约患者，可打印出预约就诊清单，病案科根据清单供应病案，可以更清晰、更全面地掌握预约患者的就诊情况。

4.住院病案供应

病案管理工作的首要任务是服务于患者的医疗。在患者办理住院手续时，住院处需立即通知病案科将病案送达患者病房，为医护人员接诊患者、了解病情提供参考。医院应以患者为中心，一旦患者办理了住院手续并确认已有就诊病案，病案管理人员需及时将病案送至病房，并做好登记。患者出院后，应将新旧病案一并收回，并在示踪卡上注明。

5.为科研、教学的供应

利用病案进行科研总结分析是对病案资料的深度开发利用。临床教学使用病案示教可以丰富实践教学内容。在承担科研、教学任务的大型综合医院中，医疗、科研、教学任务繁重，病案科需向他们提供大量有价值的病案，以供科研总结。历史悠久的医院储存的病案多，可供使用者参考的病案数量大。一些较大的课题参阅病案的人员多，需要病案的数量大且使用时间长，病案常需重复使用。

基于使用特点，科研、教学使用的病案不同于一般就诊病案。科研、教学使用的病案可与使用者约定分期、分批提供，并提醒使用者爱护和妥善保管病案。医院不仅要为使用者提供病案服务，还要为其提供使用病案的便利条件；在满足使用者科研、教学需求的同时，还要确保不影响患者就诊使用病案。这就要求供应病案的工作人员掌握相应的工作方法。

6.为医疗保险理赔的供应

随着医疗保险在社会的普及，医院内医疗保险办公室、上级医保部门在进行医疗费用合理理赔时，均需核查医疗消耗的费用。病案可作为医保费用审核的依据，病案科几乎每天都要接待医保人员查阅病案。随着参保人员的不断增加，病案科为医保部门提供的病案量不断提升。病案信息管理已纳入国家医疗改革的行列，扩大了病案对外服务的窗口，直接为广大患者服务。

7.为公检法取证的供应

病案本身具有法律意义，记录了医务人员对疾病的诊治过程。病案中的各种诊疗记录、检查结果，以及患者或家属签字的文件，如住院须知、手术同意书、危重病情通知书等均具有法律效力，这些文件赋予了医院特定权力。病案可作为公检法机关判断案情的证据。随着人们法律意识的增强，医疗纠纷、民事诉讼案件逐渐增多，医院提供病案资料的频率呈上升趋势。

8.患者复印病案资料的供应

各医院病案科在完成既定工作任务的同时，积极创造条件增添设备、简化手续，为等候复印的人员提供舒适的环境，在不违背规定的原则下尽量满足患者复印病案的需求。一些单位为减轻患者负担，避免乡镇患者复印病案往返奔波，为患者开展病案复印邮寄服务。

（1）根据国家规定允许复印病案的人员包括：

第一，患者本人或其委托代理人。

第二，死亡患者近亲属或其代理人。

第三，公安部门、司法部门、劳动保障部门、保险机构。

（2）复印病案时要求提供的证明材料

第一，申请人为患者本人的，应当提供其有效身份证明（身份证）。

第二，申请人为患者代理人的，应当提供患者及其代理人的有效身份证明（身份证）。

第三，申请人为死亡患者近亲属的，应当提供患者死亡证明及其近亲属的有效身份证明（身份证）。

第四，申请人为保险机构的，应当提供保险合同复印件，承办人员的有效身份证明（身份证）。

第五，公安、司法部门因办理案件，需要复印病案资料的，应当提供公安、司法部门采集证据的法定证明及执行公务人员的有效身份证明（工作证）。

（3）病案可供复印的范围

在报销及常规医疗过程中，通常无须复制病案中的主观性资料。若患者提出要求，以下所列资料应被视为病历中的客观性资料：

第一，门（急）诊病案。

第二，住院志（即入院记录）。

第三，体温单。

第四，医嘱单。

第五，检验报告单。

第六，医学影像检查资料。

第七，特殊检查（治疗）同意书。

第八，手术同意书。

第九，手术及麻醉记录单。

第十，病理报告单。

第十一，出院记录。

第十二，护理记录。

在医务人员按规定时限上传完病案后，可以受理复印病案资料的申请并提供复印。

五、病案的控制和示踪系统

病案流通管理的重要性体现在其能够追踪病案资料的流向，确保病案资料可随时获取。鉴于当前病案的利用具有多用户性，且其流通过程涉及多个环节，因此必须建立一系列使用规范，并配合严格、科学的管理策略，以便有效控制病案资料，进而充分发挥其在医疗实践中的作用。

（一）病案控制系统

1.定义

为确保病案供应的时效性和精确性，应实施有效的病案管理控制策略。病案管理控制策略涵盖了手工填写的追踪卡、计算机追踪系统，以及为保障病案检索和归档工作的高效性与准确性而设计的病案编号色标编码、病案归档导卡等，这些综合性的病案管理手段统称为病案控制系统。随着信息技术的不断进步和现代化数字设备的广泛应用，病案控制系统的操作手段和结构体系亦将经历相应的变革。

2.病案控制的原则

病案工作人员必须对所有的病案归档操作及其使用实施严格控制，不论何种原因，一旦病案从已归档的病案架中被取出，必须实施追踪机制。病案一旦离架取走，必须进行详细记录，如使用示踪卡或计算机的示踪系统追踪病案去向。病案示踪系统的终极目标在于提供病案信息，以支持医疗活动和社会实践，确保病案信息的完整性、准确性和安全性。掌握每份病案的流动情况是病案信息管理人员的核心职责。

医疗工作人员在调用病案时，必须确保病案能够完好地归还至病案科。若未与病案科事先沟通并更新病案追踪卡上的相关信息，病案不得移至其他地点或交予他人。一旦病案的使用者发生变更，必须重新办理借阅手续。若病案资料遗失或错置，相关使用者应负责找回。

3.病案控制的规则

在病案控制系统中建立有效的病案管理规则，是衡量病案科管理水平的重要标志。病案控制系统可以约束使用者，帮助管理者监督和指导病案管理人员的工作。

4.病案控制的制度

制度是要求所有病案管理人员共同遵守的规程或行为准则。根据病案管理规则及病案控制原则，各医院的病案科必须制定合理的病案使用制度、病案借阅制度、病案摘阅及复印制度等。

医院的病案委员会应建立一套规范化的病案使用与借阅流程，规定除用于患者诊疗活动外，病案不得擅自移出病案科。必须对所有转移至诊室或病房的病案必须实施追踪管理，示踪卡上应详细记录患者姓名、病案编号、所属科室、时间戳记以及借阅医师姓名或病房等相关信息。

5.病案控制的方式和方法

有效的方式和准确的方法是完善病案控制系统的关键，也是病案控制的原则、规则、制度的具体体现和实施。

病案控制方式包括病案使用登记本、手工填写示踪卡、电脑自动示踪系统、病案编号的色标编码、病案归档导卡等。

在对病案进行控制前，首先要了解计算机示踪系统中各个模块的功能和病案流通的主要途径。目前，病案的用途主要有患者门诊就医使用、住院治疗使用、科研和教学使用、医疗保险理赔、社会保险理赔、医疗纠纷处理等，除了门诊和住院医疗使用病案以外，病案的其他用途都需要到病案科办理相应借阅手续。

（1）权限的控制

病案示踪系统是控制病案的管理系统，每个环节的操作都直接影响到病案实体的流通状态，影响病案管理人员对病案去向的判断，因此保证示踪系统信息的准确性是保证系统与病案实体流通状态同步的关键，设置完整和安全的管理权限至关重要。

（2）病案的获取

一般来说，病案科提供专门的服务窗口，凡是可以到窗口即时办理的业务都不需要申请，按规定办理借阅手续即可。而对于门诊就诊和住院治疗使用的病案，病案科应依据相应的业务协议主动提供病案服务。因此，在患者挂号或办理住院手续后，病案示踪系统可以快速、准确地从 HIS 中获取信息，为临床及时提供病案服务。

（3）病案借阅登记

在病案离开病案架并从库房中将病案取出后，为了避免病案丢失，便于随时追踪病案去向，必须进行详细的借阅登记，登记的内容包括借阅的原因、使用单位、使用人、出库时间、操作人员以及使用期限等。对于科研和其他借用，可以直接与使用人交接，定期催还即可。

（4）工作站交接登记

工作站是病案流通过程中经过的病案服务台，也可能是病案最终送达的护士站和分诊台，负责病案的中转，可以与病案科和其他工作站进行直接沟通，处理与病案输送有关的突发事件。正常情况下，病案从库房借出到使用完毕回收的流程如下：

第一，发送确认、回收确认。

第二，收到确认。

第三，转科操作。

第四，转站操作。

第五，病案使用申请。

（5）病案的回收

①门诊病案的回收

患者就诊结束后，使用完毕的病案由各科分诊护士集中存放在分诊台指定地点，由病案回收人员定时回收。回收病案要逐一进行回收确认，全天就诊结束后，末端工作站工作人员要打印出当日未回收病案的催还单，并根据催还单上列出的病案编号到相应科室分诊台回收剩余的病案。

②住院病案的回收

在患者住院期间，病案要一直保存在相应的病房，直到患者办理出院手续，完成本次住院治疗为止。病案由负责住院病案整理的专人回收，每天早上从 HIS 中接收上一工作日出院病案信息，并打印出出院病案回收核对表格，病案回收人员再依照表格上注明的信息到病房回收病案。收回的病案在整理室进行收回登记，经整理、装订，送交编目室、质控室、随诊室等，在各个工作站进行交接传递并确认登记。最终一册资料完整和质量合格的病案才会流回病案库房，等待专人入库上架。

③科研和其他使用病案的回收

凡是由使用者到病案服务窗口借阅的病案，在使用完成后必须由使用者本人交回病案服务窗口。对于借出病案科使用的病案，在接近归还期限之前，系统会自动提醒病案管理人员及时催还，并根据需要打印出病案催还单，必要时还会采用电子邮件和短信通知。

（6）病案的入库登记

各个环节回收的病案最终会回到病案库房的综合服务台，上架前要对所有病案进行入库登记，登记内容包括入库人、入库时间、工作站、库房等信息，并将病案按规定的顺序排放，统一归档上架。

（7）病案的示踪查询

病案的示踪查询实际是示踪系统数据的一个综合展现，它可以把病案的历次使用记录、住院信息以及变更记录整合在同一个界面中，让人们可以随时掌握病案的活动轨迹和当前动向。它的核心功能就是对病案进行快速定位，无论病案是处在流通环节当中还是保存在库房之内，都可以准确反映病案的当前状态。特别是在病案丢失时，示踪查询更是帮助病案管理人员快速找到病案的得力工具。

（8）统计分析

病案的整体使用情况真实地反映了病案科的运行现状，对病案示踪系统的数据进行科学的挖掘和分析，可以帮助病案管理决策部门发现存在的问题，并以此为据制定管理方案、分配医疗资源、改善服务流程、提高服务质量。

①对逾期不归病案的统计

通过对逾期不归病案的统计，可以了解病案使用部门拖欠病案的情况。一方面，统计结果可以用于督促相关部门及时归还病案和办理续借手续；另一方面，统计结果也可作为医务人员绩效考核和职称晋升的参考依据。

②对病案入出库情况的统计

对入库量、出库量和工作站流量的统计可以帮助管理者了解各个岗位的工作量，是定岗定编和计算岗位津贴系数的重要依据。

③对病案借阅情况的统计

对不同时期病案借阅情况进行分析，可以掌握全院、各科室及个人借阅病案的情况和特点，以便有针对性地制定服务方案，合理安排服务资源。

④对住院病案回收情况的统计

对住院病案回收情况的统计可以反映住院医师的病案完成情况，同时也可以反映病案整理人员的工作情况，监督住院病案的回收质量。

⑤分析病案库存情况

对病案库存情况进行分析，可以及时了解病案的数量，根据病案的活动情况，定期转移活动度较低及不活动病案到备份库房，有助于合理安排库房空间。

（9）字典维护

一个完善的病案示踪系统需要数据庞大的数据字典支撑，任何一个字典中的数据不准确，都会影响整个系统的稳定运行，因此字典的维护工作相当重要，不但要指定专人进行维护，而且要及时与相关系统保持沟通和同步，制订周密的维护计划。科别字典和医师字典的应用范围广泛，最好与 HIS 的维护方案统一。示踪系统内部字典可以单独维护，如病案类别字典、病案使用类别字典等。

（二）病案借阅的控制

做好病案借阅的控制是为了达到病案管理的目的，及时、准确地为各方面使用者提供所需要的病案信息，充分体现病案的价值。对病案实施有效的控制是病案管理最基本的也是最重要的工作之一，通过病案控制，可以切实掌握每份病案的流动情况。

1.控制病案借阅的方式

如病案需借出病案科使用或病案科内无阅览条件，在病案借出病案科前，使用者必须办理病案借阅手续，便于病案管理人员掌握和控制病案的流动情况。

示踪卡通常放于病案所在病案架的原位置或按一定要求集中存放。在任何情况下取用病案时，没有示踪卡就不得将病案取走。

2.病案借阅的控制方法

第一，病案找出后，使用人必须在示踪卡或登记簿上填写各项内容，签署本人姓名。要求字迹清楚、易于辨认。病案管理人员要逐一核对各项内容。

第二，填写好的示踪卡可放于病案所在病案架的原位，或集中按病案编号顺序排列于卡片盒内。

第三，病案归还后，撤出示踪卡或在登记簿上注销。检查归还病案的情况，然后归档上架。

第四，对示踪系统定期检查，督促使用人按期归还借阅的病案。

3.计算机病案示踪系统

随着现代化信息技术的发展，许多传统的病案管理方法已被现代技术取代，计算机病案示踪系统将条形码自动识别技术应用到病案管理的回收、整理、入库、归档、上架、下架、借（调）阅、归还等业务环节中，提高了数据采集和信息处理的速度，保证了运行环节的效率，为医院管理者提供翔实、准确、及时的基础数据。该系统建立在条形码技术的基础上，能够准确地对病案进行借出、追踪、归档管理，提供病案去向信息，掌握病案的流向和使用情况及科研病案及再次入院病案的使用情况。

（三）病案借阅的管理

第一，无论采取何种借阅的方式，均应由病案科专人负责管理病案。

第二，负责借阅病案的工作人员，应按有关规章制度严格要求使用者办理借阅手续，并限制一次使用病案的数量，较大量的借阅病案可采取分批供应的办法。

第三，本院内与院外人员借阅病案的手续应有区别，便于管理。

第四，示踪卡应按要求存档，定期检查，及时做好归还病案的注销工作。使用自动示踪系统应及时做好有关数据的处理。

（四）病案摘阅的管理

病案摘阅的管理是指为病案的使用者提供阅览及摘录有关资料的工作，或进行部分资料的复印。借助科技手段，目前在病案科做病案摘要的工作几乎被复印机所替代，资料复印更能够保持病案的原样，避免摘录的错误。做好这项工作，不仅可以为使用者提供参考资料，而且可以为司法部门提供处理案件的依据。做好病案摘阅工作，可以大大减少病案的流动，同时又能充分发挥病案的作用，提高其资料信息的使用价值。

1.病案可供摘阅的范围

第一，科研方面使用病案及医师撰写论文等。

第二，患者需到其他医疗部门就医的病情摘要。

第三，医疗行政部门对病案的质量检查、医疗情况的调查等。

第四，社会方面的使用，如司法部门、律师事务所、医保部门及使用公费医疗的事业单位。

病案科应由专人负责病案的摘阅工作，并随时将使用完毕的病案归档。病情摘要一般应由指定人员完成，或由经治医师或其他临床医师根据医疗需要摘写。如需将病案送至临床科室，必须做好登记及示踪工作。

2.病案摘阅的制度

第一，所有需要摘阅的病案，一律在病案科内使用，不得携带出病案科。

第二，院内医务人员阅览病案时应穿工作服或持借阅证，不准带包进入病案科及阅览室。

第三，外单位摘阅病案者必须持单位正式介绍信，并经医务处、病案科主任批准后方予以摘阅。

第四，凡到病案科使用病案者，应自觉遵守病案科的各项管理规定，不得私自拿取病案。

第五，使用者应对病案的完整、整洁和安全负责，不得私自拆卸、涂改、撕毁、玷污病案，违者应接受批评教育或处罚。

第三节　病案质量管理

一、病案质量管理概述

病案质量管理是指控制和指导与病案质量有关的活动。根据质量管理理论，病案质量管理应确定病案质量方针与质量目标，明确各类相关人员的职责，开展病案质量策划与质量控制，制定病案质量改进方案等环节。

病案质量方针应当根据不同医院的实际情况，由病案委员会提出，经医院领导确定。病案质量方针可以是长期的，也可以是阶段性的。当医院认为自身存在病案书写格式问题时，可能会提出"消灭丙级病案"的质量方针。当病案在医疗、科研、教学的支持方面出问题时，可能会强调"注重病案内涵"的质量方针，而当各方面都达到一定水平时，可能会提出"争取国内一流病案质量"的质量方针。不同的质量方针是病案质量的方向或定位，也可以为医院病案质量目标提供框架。

病案质量方针和质量目标不仅应与医院病案质量发展的方向一致，而且应能体现患者及其他病案用户的需求和期望。涉及住院病案书写质量的主要人员的职责如下：

（一）正（副）主任医师

正（副）主任医师主要关注住院医师、实习医师的培养，参与查房，同时也对病案书写质量进行评估、监控。

（二）主治医师

主治医师负责病房的日常管理工作，组织会诊、查房，检查病案的质量，其工作重点如下：

1.病案的完全性检查

病案的完全性检查需要保证每一项记录内容都收集到，包括病案首页、入院记录、病程记录、手术记录、出院记录、各类检查化验报告等。

2.病案的合法性检查

病案的合法性检查要确保各项记录都附有医师的签名，特别是知情同意书。

3.病案的内涵性检查

病案的内涵性检查要保证病案记录不是流水账，要能够反映医师对疾病的观察与诊疗过程，反映临床思维过程，反映各级医师查房的意见，完成出院病案最后的审查及签名。

（三）住院医师

住院医师负责病案的日常记录，包括上级医师的查房记录、会诊申请及各项医嘱记录等，同时负责各种化验、检查报告的回收与粘贴。

（四）护士

护士负责危重患者的护理病案记录、日常医嘱执行记录、体温（血压、脉搏、呼吸）记录等。当医师完成所有记录之后，应交由护士管理，最终转交病案管理人员。

二、病案质量管理的任务

病案质量管理是医院质量管理的重要内容，其主要任务是制定管理目标、建立质量标准、完善各项规章制度、进行全员病案质量教育、建立指标体系和评估系统，并且定期评价工作结果，进行总结和反馈。病案质量管理任务的实施对于促进医院的医疗水平和服务水平有着重要的意义。

（一）制定病案质量管理目标

管理者应根据病案工作的性质和规律，制定病案质量管理总体目标，结合每个岗位和每个工作环节制定岗位目标。同时还应增强质量意识，充分调动各级医务人员的积极性，有的放矢地为预期目标努力。在此基础上，管理者还应建立健全病案质量管理体系和安全有效的医疗管理机制，以保障质量目标的实现，推进病案工作向规范化、制度化发展，保证和巩固基础医疗和护理质量，保证医疗服务的安全性和有效性。

（二）进行全员病案质量教育

为了提高医务人员的质量意识，医院应有组织、有计划地对参与病案质量管理的医疗、护理、技术人员进行质量管理相关理论和专业知识的教育和培训，加强医务人员参与质量管理的积极性、主动性和创造性，明确每位工作人员对病案质量所负的责任和义务。医务人员应注重病案形成全过程的环节质量，自觉地遵守职业道德，各尽其责，使病案整体质量不断提高。

（三）完善各项规章制度

完善的管理制度是确保病案质量控制工作持续、规律开展的根本。因此，要根据医疗、科研、教学的需要，以国家卫生法律法规为依据，结合病案工作的实际，制定和完善一系列病案质量管理制度和各级人员岗位责任制。按照流程，把各项工作规范到位；按照规章制度，把质量管理落实到位，使各级医务人员责、权、利明确，使各项工作更加科学、规范。

（四）建立指标体系和评估系统

病案质量监控主要是指建立指标体系和评估系统，通过评估，检查病案质量是否达到设定的标准。通过建立指标体系和评估系统，可以促进病案质量控制更加科学。通过建立指标体系和评估系统不仅能够了解各级医务人员履行各自的职责的情况，还可以对质量目标、各项标准和制度进行监测和评价，不断发现问题，随时对质量目标、标准和制度进行修改，使质量体系更加完善。

（五）定期总结、反馈

医院应定期对病案质量管理过程中的成绩和问题进行总结、反馈，定期评价工作结果。通过对比分析，找出差距，嘉奖和鼓励先进，对存在的问题进行客观分析。定期总结、反馈有利于不断确立新的目标，促进病案质量管理良性循环，保证病案质量控制的效果。

三、病案质量管理的内容

病案书写质量反映着医院的医疗质量与管理质量。病案书写质量监控是对医疗全过程的即时监控与管理，以便及时处理在诊疗过程中影响患者安全和医疗质量的因素，促进医疗水平的持续提高，为公众提供安全可靠的医疗服务。

（一）病案书写质量管理的目的

1.医疗安全目的

以患者安全为出发点，对诊疗过程中涉及医疗安全核心制度的内容进行重点监控，包括首诊负责制度、三级医师查房制度、分级护理制度、疑难病例讨论制度、会诊制度、危重患者抢救制度、术前讨论制度、死亡病例讨论制度、查对制度、病案书写基本规范与管理制度、交接班制度、技术准入制度等。

2.法律证据目的

以法律法规为原则，依法规范医务人员的诊疗行为，如医师行医资质；新技术准入制度；各种特殊检查、治疗、手术知情同意书的签署情况及其他需要与患者或家属沟通的文件；输血及血制品使用的指征；植入人工器官的管理；毒、麻、精神等药品的使用等。可以通过病案记录，对以上法规的执行情况进行监控和管理。

3.医学伦理学目的

科学、严谨、规范地书写各项记录有利于规范医疗行为，保护患者安全。医疗中的许多判定往往是医疗技术判断和伦理判断的结合，从具体的病案书写中可以体现医师的伦理道德。例如，在病史采集过程中，临床医师应全面和真实地搜集与疾病相关的资料，了解疾病演变过程并详细记载；从病情分析记录中可以反映医师周密的逻辑思维，体现医疗过程的严谨和规范；在治疗中，医师应坚持整体优化的原则，选择疗效最优、康复最快、痛苦最小、风险最小、副损伤最小、最经济方便的医疗方案，这些都是医学伦理的具体实践。

4.医师培养目的

病案真实地记录了医师的临床思维过程。医师通过病案书写对疾病现象进行综合分析、判断推理，可以认识疾病，做出决策。医师可以在书写现病史的过程中培养整理归纳能力和综合分析能力；在诊断和鉴别诊断的书写过程中培养逻辑思维方法和对疾病规律的认识，有助于医师更客观、更科学地进行临床决策，提高医疗水平。

（二）病案书写质量管理的内容

1.病案组成

住院病案的重点监控内容包括病案首页、入院记录、病程记录、各项特殊检查及特殊治疗的知情同意书、医嘱单、各种检查报告单和出院（死亡）记录等。

（1）住院病案首页

住院病案首页应在患者出院前完成，要求各项内容填写准确、完整、规范，不得有空项或填写不全。病案首页填写的各项内容应与病案内容相符合。

（2）入院记录

入院记录应当于患者入院后 24 小时内完成，质量管理的内容包括：

第一，主诉所述症状（或体征）重点突出、简明扼要。具体部位及时间要准确，能反映出疾病的本质。当有多个症状时，要选择与本次疾病联系最密切的主要症状。

第二，现病史内容要求全面、完整、系统。要科学、客观、准确地采集病史，能够反映本次疾病的发生、演变、诊疗过程，做到重点突出、思路清晰。

第三，对既往病史、个人史、月经史、生育史、家族史的简明记录，不要遗漏与患者发病有关联的重要病史及家族史。

第四，体格检查的准确性。

（3）病程记录

①首次病程记录

首次病程记录即患者入院后的第一次病程记录，应对主诉及主要的症状、体征及辅助检查结果高度概括，突出特点。提出最可能的诊断、鉴别标准及根据，要写出疾病的具体特点及鉴别要点。诊疗计划要具体，并体现出最优化和个体化的治疗方案，各项检查、治疗应有针对性。

②日常的病程记录

日常的病程记录应简要记录患者病情及诊疗过程，在病情变化时应及时记录病情演变的过程，并有分析、判断、处理及结果。重要的治疗应做详细记录，对治疗中改变的药物、治疗方式应进行说明。

在日常的病程记录中还应及时记录辅助检查的异常（或正常）结果、分析及处理措施。抢救记录的内容应包括患者的病情变化情况、抢救时间及措施、参加抢救的医师姓名、上级医师指导意见，以及患者家属对抢救的态度和意愿。出院前一天的病程记录的内容应包括患者病情的变化及上级医师是否同意出院的意见。

③上级医师查房记录

上级医师查房记录中的首次查房记录要求上级医师核实下级医师书写的病史有无补充，体征有无新发现；陈述诊断依据和鉴别诊断，提出下一步诊疗计划和具体医嘱。医院的查房内容除要求解决疑难问题外，还应体现出当前国内外医学发展的新进展。疑难或危重病例应有科主任或主（副主）任医师的查房记录，要记录医师的姓名、专业技术职称及意见，不能笼统地记录全体医师的意见。

④会诊记录

在会诊记录中应记录患者的病情及诊疗经过和申请会诊的理由和目的。会诊记录的意见应具体。

⑤围术期相关记录

术前小结的重点内容应包括术前病情分析、手术治疗的理由、具体手术指征、拟实施手术名称和方式、拟实施麻醉方式、术中术后可能出现的情况及对策。

对术前准备情况、手术指征的记录应具体并有针对性，能够体现最佳治疗方案；术前准备记录的内容应包括在场的各级医师发表的意见，对术中可能出现的意外应有相应的防范措施。新开展的手术及大型手术须由科主任或授权的上级医师签名确认。

麻醉记录重点监控患者的生命体征、麻醉前用药、术前诊断、术中诊断、麻醉方式、麻醉期间用药及处理、手术起止时间、麻醉医师签名等，麻醉记录要准确，与手术记录相符合。术前麻醉访视记录的重点包括麻醉前风险评估、拟实施的麻醉方式、麻醉适应证及麻醉前需要注意的问题、术前麻醉医嘱等。术后麻醉访视记录的重点是术后麻醉恢复情况、生命体征及特殊情况如气管插管等记录。

手术记录应在术后 24 小时内完成，除一般项目外，术前诊断、术中诊断、术中发现、手术名称、术者及助手姓名应逐一填写。详细记录手术时患者的体位、皮肤消毒情况、铺无菌巾的方法、切口部位、名称及长度、手术步骤；重点记录患者的病变部位及大小、术中病情变化和处理、麻醉种类和反应、术后给予的治疗措施及切除标本送检情况等。

手术安全核查记录应对重点核查项目进行监控，包括患者身份、手术部位、手术方式、麻醉和手术风险、手术物品的清点、输血品种和输血量，由以及手术医师、麻醉医师和巡回护士核对、确认和签名。

（4）知情同意书

在进行特殊检查、治疗、各类手术（操作）前，应向患者或家属告知该项手术或治疗的风险、替代医疗方案，并通知患者或家属签署知情同意书。在患者的诊治过程中，医师需向患者或家属明确地交代患者的病情、诊治情况、使用自费药物等事项，并详细记录，同时记录患者及其家属对治疗的意愿。自动出院、放弃治疗的患者须由本人或家属签署放弃治疗同意书。各项知情同意书必须有患者或家属及相关医师的签名。

（5）检查报告单

检查报告单应与医嘱、病程相符合。在输血前，必须具备完整的乙肝五项、转氨酶、丙肝抗体、梅毒抗体、HIV 的检查报告单，检查报告单应该内容齐全、粘贴整齐、排列规范、标记清楚。

（6）医嘱

医嘱的内容应当准确、清楚，每项医嘱应当只包含一个内容，并注明下达时间，并具体到分钟。打印的医嘱单须有医师签名。

（7）出院记录

出院记录应当在患者出院前完成。出院记录应对患者住院期间的症状、体征及治疗效果等情况进行详细记录。在出院医嘱中，应写明继续服用的药物、剂量、用法以及患者出院后的复查时间、注意事项。

（8）死亡记录

对于住院患者抢救无效而死亡的情况，应当在患者死亡后 24 小时内完成死亡记录。死亡记录的内容包括住院情况、诊疗经过、病情转危原因及过程、抢救经过、死亡时间、死亡原因及最后诊断。

（9）死亡讨论记录

死亡讨论记录应于患者死亡后 1 周内完成，由科主任或副主任医师以上职称的医师主持，对患者的死亡原因进行分析和讨论。

2.门诊病案质量管理内容

门诊病案的一般项目应填写完整，每页门诊病案记录必须包含就诊日期、患者姓名、所属科室和病案编号。主诉应准确、重点突出、简明扼要。初诊病史采集应准确、完整，与主诉相符，同时应包含鉴别诊断的内容。复诊病史的内容应包括治疗后患者自觉症状的变化和治疗效果。对于不能确诊的病例，应包含鉴别诊断的内容。门诊病案还应详细记录患者的既往病史，特别是与当前疾病诊断相关的既往病史及药物过敏史。查体记录应具体、确切。检查、治疗应有针对性，并注意维护患者的知情权、隐私权。

3.急诊留观病案质量管理内容

急诊留观病案应包括初诊病案记录（门、急诊就诊记录）、留诊观察首次病程记录、化验结果评估和出科记录等内容。留诊观察首次病程记录的内容应包括病例特点、诊断和鉴别诊断、一般处理和病情交代。急诊留观病案还须有患者就诊时间和离开观察室的时间，并记录其去向。化验结果评估须对患者的检查结果进行分析。出科记录应简明记录患者来院时的情况、诊疗过程及患者离开时的病情。

（三）临床路径实施中的病案质量管理

临床路径是由医疗团队成员，包括医师、护士及其他相关人员共同制定，针对某一疾病建立一套标准化治疗模式与治疗程序，是一个有关临床治疗的综合模式，以循证医学证据和指南为指导来促进治疗组织和疾病管理的方法。临床路径的实施可以有效地规范医疗行为，保证医疗资源的合理及有效使用。在临床路径具体执行过程中，病案质量监控是不可忽视的，通过病案记录可以监控临床路径的执行内容和流程，分析变异因素，有效论证临床路径实施方案的科学性、规范性和可操作性，使临床路径的方案不断完善。

1.进入路径标准

病种的选择以疾病的诊断、分型和治疗方案为依据。判断病种是否符合入径标准，需综合考量入院记录中患者主要症状与体征的详细描述、查体记录的体征信息、辅助检查结果，以及上级医师对病情的综合评估等多方面因素。

2.治疗方案及治疗时间

根据病程记录，观察治疗方法、手术术式、疾病的治疗进度、各项检查与治疗项目完成的时间节点、流程安排以及治疗措施的及时性、同时评估抗生素使用的规范性。

3.出院标准及治疗效果

检查患者出院前的病程记录和出院记录，根据患者出院前症状、体征及各项检查结果，对照诊疗指南制定的评价指标及临床路径表单（医师版）来制定出院标准。

4.变异因素

对于出现变异而退出路径的病案，应进行重点分析。

5.患者安全

在执行临床路径中，保证患者的安全也是进行病案质量监控的主要目的。在治疗过程中，医师应判断治疗方法是否危害患者的安全，路径的选择是否最优化，避免盲目追求入径指标而侵害患者的利益。

（四）病案质量四级管理

1.一级管理

一级质量管理小组是病案质量管理最根本、最重要的组织。一级病案质量管理小组由科主任、病案委员、主治医师组成。对住院医师的病案质量实行监控，指导、督促住院医师按标准完成每一份住院病案的书写工作，是病区主治医师必须履行的日常工作之一。病区主治医师要经常性地自查、自控本科室或本病房的病案质量，不断增强各级医师病案质量意识和责任心。科主任或病区主任医师（副主任医师）应检查、审核主治医师对住院医师病案质量控制的结果。

2.二级管理

医务部是对医院医疗工作和医务行政工作实施组织管理的职能部门，负责组成二级病案质量管理小组。该小组应按月进行定期或不定期、定量或不定量的病案抽检工作，涵盖各病区及门诊科室。此外，团队成员需参与病房教学查房、观察主任查房、参与病房重大抢救活动，并对疑难病例进行讨论。有关部门应严格要求和督促各级医师重视医疗质量，认真写好病案，管理好病案，真正发挥医务部在病案质量管理方面的监控作用。

3.三级管理

医院病案终末质量管理小组应每天检查已出院病案。病案质量监控医师应对每份出院病案进行认真、严格的质量检查，定期将检查结果向有关领导及医疗行政管理部门汇报，并向相关科室和个人反馈检查结果。病案科质量监控医师所承担的是日常质量监控工作，是全面的病案质量监控工作。在质量监控工作中，相关工作者要经常与临床医师沟通，并经常参加业务学习和培训，坚持临床工作，提高业务水平。

4.四级管理

病案质量管理委员会是病案质量管理的最高权威组织，主任委员和副主任委员应定期或不定期、定量或不定量地普查与抽查全院各科病案，审查和评估各科的病案质量，特别是内涵质量。检查内容可以侧重于疑难病案、死亡病案、手术后 10 天之内死亡病案或有差错的病案，从中吸取教训，总结经验，提高病案的内涵质量。病案质量管理委员会可采取各种方法，确保每季度开展一次活动，每年组织一次病案展览。对于存在不合格病案或反复出现病案书写问题的医师，病案质量管理委员会需采取相应措施，如开展病案书写基础技能的培训。病案质量管理委员会要发挥指导作用，不断提高病案的内涵质量。

四、病案质量管理的方法

（一）全面质量管理

全面质量管理（Total Quality Management，以下简称 TQM）是把组织管理、数理统计、全程追踪运用现代科学技术方法有机结合起来的一种系统管理方式。全面质量管理就是对质量形成的全部门、全员和全过程进行有效的系统管理。

1.全面质量管理的指导思想

全面质量管理有一系列科学观点指导质量管理活动，其指导思想是"用户至上""预防为主""用数据说话""按 P、D、C、A 循环办事"。

（1）用户至上

用户至上强调以用户为中心，为用户服务的思想，其所指的用户的概念具有广泛性，涵盖所有直接使用产品或服务的个体，以及在企业内部，每一环节的后续流程均视前一环节为自身的用户。全面质量管理的指导思想也体现在对产品质量的追求上，要求全体员工，尤其是领导层在质量形成的全过程中要有强烈的质量意识。产品质量与服务质量必须满足用户的要求，质量的评价则以用户的满意程度为标准。用户至上的理念既体现了质量管理的全面性和科学性，也体现了质量管理的预防性和服务性。

（2）预防为主

预防为主强调事先控制，是指在全面质量管理过程中重视产品设计，在设计上加以改进，将质量隐患消除在产品形成过程的早期阶段，同时对产品质量信息及时反馈并认真处理。

（3）用数据说话

用数据说话所体现的是在全面质量管理过程中需要运用科学的工作方法。在对产品质量进行评估时，必须采用科学的统计分析手段，系统性地搜集相关数据资料，通过分析处理，形成准确的定性结论，并精确识别出影响产品质量的关键因素，以实现对产品质量的有效控制。

（4）按 P、D、C、A 循环办事

全面质量管理的工作流程应严格遵循计划（Plan）、执行（Do）、检查（Check）以及总结处理（Action）四个阶段，形成 PDCA 循环。在确保产品和服务质量的前提下，依据 PDCA 循环模式进行持续的改进活动，构成了全面质量管理的核心理念。通过不断循环，产品的整体质量将得以持续提升。

2.全面质量管理的基本方法——PDCA 循环

PDCA 循环是一种科学的管理方法，最早由美国学者戴明提出，故又称戴明循环，是实施全面质量管理的基本程序，共分为四个阶段。

（1）第一阶段为计划阶段（Plan）

在制订计划前，应认真分析现状，找出存在的质量问题并分析产生质量问题的各种原因或影响因素，从中找出影响质量的主要因素，制订有针对性的计划。此阶段分为 4 个步骤：

第一步，分析现状，找出问题。

第二步，找出造成问题的原因。

第三步，找出其中的主要原因。

第四步，针对主要原因，制订计划。

（2）第二阶段为执行阶段（Do）

在执行阶段，应按预定计划和措施具体实施。

（3）第三阶段为检查阶段（Check）

在检查阶段，应将实际工作结果与预期目标进行对比，检查计划在执行过程中的落实情况。

（4）第四阶段为总结处理阶段（Action）

在此阶段，应将执行检查的效果进行标准化处理，完善制度条例。在此循环中出现的特殊情况或问题，将在下一个管理计划中完善。

这四个阶段循环不停地进行下去，称为 PDCA 循环。质量计划工作要经过四个阶段为一次循环，然后再向高一步循环，从而使质量步步提高。

3.全面质量管理在病案质量管理中的应用

在病案质量管理中，PDCA循环已经得到广泛应用，取得了良好的效果。

（1）计划阶段（Plan）

实施病案质量管理首先要制订病案质量管理计划。

第一步，进行普遍的调查，认真分析现状，找出当前病案质量管理中存在的问题，包括共性问题和个性问题。

第二步，分析产生这些质量问题的各种原因或影响因素。

第三步，从中找出影响病案质量的主要原因。

第四步，针对主要原因，制订有针对性的计划。计划是一种目标和策略，计划包括长期计划和短期计划，长期计划可以是3年、5年；短期计划为月度、季度或年度计划。

病案质量管理计划应包括病案质量管理制度、质量管理流程、质量管理标准、质量管理岗位职责等内容。

（2）执行阶段（Do）

在第二阶段，按预定的病案质量管理计划，具体执行相关措施。此阶段分为两个步骤：

第一步，建立病案质量控制组织，健全四级质量管理组织，明确各级组织的分工和职责。

第二步，进行教育和培训。要对全体医务人员进行教育和培训，以增强医务人员的质量意识，强化医务人员执行计划的自觉性，是提高病案质量、保证患者安全的有效措施。

（3）检查阶段（Check）

在第三阶段，将实际工作结果与预期目标进行对比，检查计划在执行过程中的落实情况以及是否达到预期目标。在病案质量监控中，应注重对各个环节的质量控制。例如，在术前，要对术前小结、术前讨论、术前评估及术前与患者或家属的知情谈话记录等内容进行质量控制，确保病案的及时性、准确性和规范性。

（4）总结处理阶段（Action）

病案质量管理工作应定期进行总结，将检查的结果进行标准化处理。此阶段分为两个步骤：

第一步，检查结果按标准化处理，分析存在的主要缺陷和原因，明确哪些是符合标准的，哪些没有达到质量标准，并分析没有达标的原因。

第二步，进行反馈，医院应定期组织召开质量分析例会，将总结的结果及时反馈给相关科室和临床医师，使临床医师能够及时了解病案质量管理工作的开展效果，并据此采取相应的改进措施。同时，应收集对未来工作具有指导意义的建议。对于识别出的标准或流程缺陷，应立即进行调整，以促进后续循环中的持续质量改进。

4.病案质量的全过程管理

在执行 PDCA 循环的过程中，关键在于确保全体医务人员参与整个管理流程。在病案质量管理的各个阶段，都应动员每位医务人员主动参与，包括制定计划、制定目标、制定标准。在检查阶段，应鼓励临床医师参与，了解检查的目的、过程和结果；在总结处理阶段，应要求全体医务人员共同参与，共同发现问题，找出解决问题的方法，达到提高病案质量的目的。

全面质量管理要注重环节质量控制，使出现的问题能够得到及时的修正，尤其是在病案书写过程中的各个环节，应加强质量控制，及时弥补出现的缺陷和漏洞，保证患者的安全，促进病案质量的提高。

（二）六西格玛管理

西格玛原为希腊字母δ，又称为 sigma，其含义为"标准偏差"，用于度量变异，六西格玛表示某一观察数据距离均数的距离为 6 倍的标准差，即"6 倍标准差"。六西格玛管理法的含义并不简单地指上述这些内容，它是一套完整的理论体系和实践方法。目前，六西格玛管理理念在我国医疗机构中得到广泛关注，一些医院在进行病案质量管理时借鉴了六西格玛管理法的管理理念和管理模式，取得了显著成效。

1.管理理念

（1）以患者为关注焦点的病案质量管理原则

以患者为中心是医疗工作的重点，在病案质量管理过程中，医院应充分体现这一重点。例如，在确立治疗方案时，应充分了解患者的需求和期望，选择对患者最有利、伤害最小、治疗效果最好的方案，还要在病案中详细记录这个过程；在出院记录中应详细记录患者在住院期间的治疗方法和疗效以及注意事项。

（2）流程管理

在病案质量管理中，流程管理是重中之重。六西格玛管理法的核心是提升组织流程的效率，医院要运用六西格玛管理理念对流程进行优化，采用量化分析手段，分析流程中影响质量的因素，明确其主次关系，将重点放在对患者、对医院影响最大的问题上，找出最关键的影响因素并加以改进。在寻找改进机会的过程中，医院既不能强调面面俱到，更不能只从单个部门的利益出发，必须用系统思维方法，优先处理影响病案质量的关键问题，不断改善和优化病案质量管理流程。

（3）依据数据决策

用数据说话是六西格玛管理理念的突出特点，在病案质量管理中，通过分析病案书写缺陷项目，能够总结出具体的数据。通过对这些数据进行精确的统计分析，可以识别出对患者安全和医疗质量产生直接影响的关键质量问题，从而确定需要改进的重点。数据可以帮助医院准确地找到影响病案质量的根本原因，是流程优化的关键支撑依据。

（4）全员参与

病案质量不是某位医师、某个科室或某个部门的工作，病案质量管理的整个流程涉及医院的大部分科室和多个岗位，因此需要强调团队合作精神，营造一种和谐、团结的氛围。在这个过程中，领导层的重视程度至关重要。临床医师、护士在认真完成每一项操作后应认真书写记录，医疗技术科室医师应及时完成各项检验报告。病案首页中的各项信息，如患者的一般信息、住院数据需要由相关工作人员如实填写，并接受各级病案质量控制医师的严格审核。在流程的每一个环节中，每位参与者都是病案的管理者和监督者，要发挥每个人的积极性，确保在全过程中，每个人对其负责的环节负有明确的责任。

（5）持续改进

流程管理不是一步到位的，需要不断地进行改进和发展。因此，医院需要不断探索，提高病案书写质量管理过程的科学化水平和流程管理效果。通过不断进行流程改进，达到"零缺陷"的目标。

2.管理模式

西格玛管理法是一种系统化的问题解决方法论，它主要包含一个流程改进模式，即DMAIC 模式，该模式由定义（Define）、统计（Measure）、分析（Analyze）、改进（Improve）和控制（Control）五个阶段构成。在病案质量管理中，通过实施这五个步骤，能够对病案质量进行持续的分析与优化，达到提高病案质量的目的。

（1）定义阶段（Define）

根据定义，设计数据收集表，根据病案书写内容，设计若干项目，如住院病案首页、入院记录、病程记录、围术期记录（可分为麻醉访视记录、术前小结、术前讨论、手术记录)、各类知情同意书、上级医师查房记录、会诊记录、出院记录等项目。根据某时间段的病案书写检查情况，找出对病案质量影响最大的问题，确定改进目标。

（2）统计阶段（Measure）

根据定义，统计收集表，总结发生缺陷的病案数和每项内容的缺陷次数，以及各科室、每位医师出现缺陷病案的频率，并进行统计处理。

（3）分析阶段（Analyze）

利用统计学方法，对质量检查的各个项目进行分析，并将结果反馈至相关科室和医师。同时，组织相关人员进行讨论、分析，确定主要存在的问题，找出出现频率最高、对流程影响最大、对患者危害最大的问题。同时，探究问题产生的原因、影响因素及其影响程度，以便为后续改进措施的制定提供科学依据。

（4）改进阶段（Improve）

改进阶段是病案质量管理过程中最关键的阶段，也是六西格玛管理法的核心阶段。改进工作需要全员参与，尤其要对出现缺陷较多的环节进行改进，经过以上分析，找出改进方法，采取有效措施，提高病案质量。

（5）控制阶段（Control）

在提出改进措施后，必须充分发挥各级病案质量管理组织的职能，根据病案质量监控标准进行质量控制，使改进措施落到实处。控制阶段的关键在于一级质量管理，即科室的自查自控，使医师在书写病案的过程中就保证病案的质量，实现质量控制从流程源头开始。

（三）"零缺陷"管理

"零缺陷"是质量绩效的唯一标准。其管理思想内涵是"第一次就把事情做好"，强调事前预防和过程控制。"零缺陷"管理的四个基本原则是：质量的定义就是符合要求，而不是好；产生质量的系统是预防，而不是检验；工作标准必须是零缺陷，而不是差不多就好；产品质量要用不符合要求的代价来衡量。

1."零缺陷"的病案质量管理原则

"零缺陷"管理模式，作为一种创新的管理理念，最初在制造业领域得到应用，并逐渐吸引了其他行业管理层的注意，被广泛借鉴和引用。在我国，该模式已被多家医疗机构采纳，用于对医疗质量进行管理与控制。病案质量管理作为医疗质量的关键组成部分，其目标正是实现病案的"零缺陷"，因此，采用"零缺陷"管理模式是促进病案管理先进性和科学性的有效途径。

将"工作标准必须是零缺陷，而不是差不多就好"的原则应用于病案质量管理中，是"以人为本"的体现，这要求在病案形成的各个环节，医务人员必须以"患者为中心"，以保证患者安全为宗旨，规范医疗行为，认真书写病案，以满足医疗质量的标准。实施病案质量的全过程控制，从建立病案、收集患者信息开始，加强缺陷管理，使病案形成的每一基础环节都符合质量要求。

2.病案质量不能以检查为主要手段

在病案质量管理过程中，要强化预防意识，避免仅依赖于事后检查来发现并修正病案中的缺陷。这要求医务人员从一开始就本着严肃认真的态度，把工作做得准确无误，从而减少在修改、返工和补充遗漏项目上的投入。病案质量管理在医疗质量管理中占据着重要的地位，病案质量已经成为医院管理的重点和难点。

利用先进的管理模式替代传统的管理模式势在必行，实行"零缺陷"管理方法，在病案质量管理过程中引入手术安全核查制度，要求手术医师、麻醉医师和巡回护士三方在麻醉实施前、手术开始前和患者离开手术室前，共同对患者身份、手术部位、手术方式、麻醉和手术风险、手术使用物品清点等内容进行核对、记录并签字。这项措施有利于保证患者安全，降低手术风险的发生率。

3.病案质量标准与"零缺陷"原则

"零缺陷"管理的核心在于实施全过程管理，涵盖生产活动的各个阶段，确保所有环节和要素的缺陷数量降至零。为此，必须构建完善的管理制度与规范体系，按规定程序实施管理，并将责任落实到位，彻底消除管理失控的隐患。病案质量管理要按照"零缺陷"的管理原则建立质量管理体系，以"工作标准必须是零缺陷，而不是差不多就好"为前提。制定可行性强的病案质量管理标准、质量管理流程，加大质量控制的力度。在病案质量控制过程中要引导医务人员注重书写质量与标准的符合，强化全员、全过程的质量意识，使医务人员知晓所执行的内容、标准、范围和完成时限，增强工作的主动性和责任感，改变忽视质量的态度，营造一个良好的质量环境。

第三章　现代医院组织内部档案管理

第一节　医院实验室档案管理

　　为了了解人体结构和疾病产生的原因，古代埃及人、罗马人和希腊人建立了解剖实验室，并在尸体解剖的基础上逐渐形成了病理学。尸体解剖的目的在于了解患者的死因，但除此之外，人类还需要了解疾病的起因和发展，需要了解组织细胞变化与疾病发展之间的关系，以便采取相应的预防和治疗措施，这些都是形成现代检验医学的基础。

　　检验医学是在基础科学的理论上发展形成的，早期的检验医学是指由医师或医师指导下的技术人员利用手工方法开展一些简单的实验，这种方式耗时、变异大、易受技术和人为因素的影响。

　　随着科学的进步，当实验过程变得越来越复杂，一些熟知检验技术的医师开始培训一些专门的人员帮助他们执行复杂的实验。这些不同学科的医师对检验医学这门新兴学科的建立起到了至关重要的作用，检验医学逐步形成了自己的实验标准和规范。

一、概述

（一）环境变化对临床实验室产生的影响

　　随着经济的发展、社会的进步、医疗卫生体制和医疗保险制度改革的不断深入，实验室不可避免要受到一些影响，主要有以下几点：

1.人口素质变化的影响

我国教育事业的不断发展使公众自身素质得到了极大的提高，良好的健康教育和广泛通畅的信息来源使公众对医学知识和医疗机构应提供的医疗服务有了比较深入的了解，床旁实验和家用试剂盒的开发与普及又使得公众对检验医学有了更多的认识，公众越来越关注自身的健康水平，会对临床实验室的检验质量和服务水平提出新的、更高的要求。

2.医疗保障制度的影响

我国正在实施的医疗保障制度改革强调医疗资源和费用的合理应用，通过新的医疗保障制度的实施，政府希望在保障公民健康水平的基础上，能更有效和更经济地利用实验室服务，因此，引入循证医学的概念对实验室现行的检验项目进行重新评估和管理，对新的检验技术和项目实行准入，合理利用实验室资源、限制检验费用支出势在必行。

3."防御意识"的影响

检验医学的进步将促使临床医生更多地应用实验室的检验结果，临床医生和患者对检验结果的有效性、准确性和时效性将会提出更高的要求，更多的医疗卫生资源将应用到实验室，实验室的工作量将会增加。

4.人口结构变化的影响

随着社会、经济以及医学技术的迅猛发展，我国人口平均寿命显著延长。据预测，到 2050 年，我国 60 岁及以上的老年人口数量要比现在增加 3 倍。与此同时，人口出生率的下降将导致中老年群体的比例逐渐上升。这一人口结构变化预示着心脑血管疾病、神经系统疾病等中老年人群易感疾病的发生率将相应上升，进而对实验室检验项目及工作内容产生重大影响。

5.先进技术的影响

生物技术的飞速进步以及计算机科学与检验医学的深度融合，显著推动了检验医学的发展。随着研究者对人类基因组认识的不断深化，新兴的基因诊断技术逐渐成形。数据与图像能够通过数字化方式在网络上实现高效传输。小型化的床旁实验和大型的全自动化实验室都将对临床实验室未来的工作模式和学科划分产生根本性的影响。

6.医学伦理学的影响

先进的实验室检验技术，尤其是基因检测技术，能够揭示受试者健康状况中的异常指标，基因检测技术能够预测个体患有某些疾病的潜在风险，进而对受试者参军、接受教育、求职、婚姻选择及购买健康保险等方面产生影响。临床实验室出具的检验报告不仅关系到受试者本人，还可能影响其后代在就业、婚姻、生育等方面的决策。因此，如何合理运用实验室检测技术以服务社会，已成为当前亟待解决的问题。

（二）检验医学的变化

当前，先进技术的飞速发展使得主要检验分析仪器的集成化成为可能。借助自动化分析系统，一份血液样本能够完成生化、免疫、血液等多项检测，实现了样本分析、处理与储存的一体化流程。模块化全自动化分析仪的引入，使得实验室能够在较短时间内以组合方式高效完成大量专业实验任务，这势必导致实验室内部组织结构的变革。专业实验室的整合有助于提升实验室人力资源、设备及空间资源的利用效率，进而降低运营成本。

随着检验技术的持续创新与进步，对实验室技术人员的专业能力提出了更高要求。传统上，一些技术要求较低、重复性较高的工作，例如样本采集与处理，往往由非专业技术人员承担。而检验技师则主要负责设备的日常维护、实验过程质量控制以及分析和解决实验过程中出现的问题。未来，随着高新技术的逐步应用以及实验室自动化水平的不断提升，对非技术人员的需求预计将显著减少，而对高级检验技师的需求则会相应增加。此外，对于那些精通实验诊断学并具备一定临床经验的检验医师的需求也将大幅上升。

二、管理及管理特性

（一）管理的定义

管理作为一种普遍的社会活动，其产生已有久远的历史。尽管人类社会已对管理进行了长时间的研究和利用，但如今对于管理的定义尚无完全统一的认识。有的专家认为管理是一种特殊的社会实践，是协调集体活动以达到预定目的的过程，国际标准化组织将管理定义为"指挥和控制组织的协调的活动"。管理的第一要素是集体活动，集体活动的参与者的数量可从数人至数万人不等。管理的基本对象是人，尽管管理还涉及财、物、信息等内容，但仅仅针对后者的管理不能称之为真正的管理。要想使实验室工作获得医院管理者、医护人员和病人的认可，对实验室的管理人员进行专门的管理技能培训就显得尤为重要。

管理是一种特殊类型的社会实践活动。在现实生活和工作中，存在着两种类型的社会实践活动：一类是人们亲自动手，作用于客体，产生直接效果，比如实验室的技术人员利用手工或自动化仪器，按照一定的操作程序进行临床检验活动，获得检验结果，此类活动通常被称为"作业"；另一类是通过施作用于作业者，间接改造客观世界，通过计划、组织、控制、指导等手段，整合资源以达到预期目的。实验室的工作目标是尽最大可能为临床医师和患者提供优质的检验技术服务，实验室的工作人员、设备、设施、资金等均为实验室的资源，如何有效整合和利用这些资源，对实现医院的工作目标、满足临床需求至关重要，因此实验室的工作完全符合管理工作的一些基本特性。只有医院领导和实验室管理者认识到管理工作对于实验室的重要性，才能促使实验室服务水平得到质的提高。

（二）成功的实验室管理必须具备的条件

管理渗透到现代社会生活的各个方面，凡是存在组织的地方就存在管理工作。成功的实验室管理至少应具备以下三个条件：

1.实验室希望达成的目标

实验室的工作目标是以经济的和对患者伤害最小的方式，提供有效、及时、准确的检验信息，满足临床医师对患者在疾病预防、诊断、治疗方面的需求。当然，不同实验室的工作目标也可有所不同。

2.管理者必须具备领导团队达成目标的权力

要达成实验室设定的目标，实验室管理者必须具有相应的权力，如实验室内部组织结构的设定权、人事安排权、财务分配权等。医院领导只有授予实验室管理者这样的权力，才能保证实验室管理者在实验室中的领导地位和权威，保证实验室工作目标的实现，从而有利于医院工作总目标的实现。

3.必需的人力、设备、资金等资源

资源是实现实验室工作目标的基础，没有资源作为保证，任何形式的组织目标都会成为空中楼阁。如实验室的检验周转时间非常明确，但如果没有足够的技术人员、没有自动化的仪器，就不可能满足临床尽快返回报告的要求；如果没有既了解实验技术又熟知临床医学的检验医师，就不可能达成工作目标。

（三）实验室管理者

管理者是指在一定组织中担负着对整个组织及其成员的工作进行决策筹划、组织和控制等职责的人。管理者在管理活动中起着决定性的作用。管理者的素质如何，管理机构的设置是否科学，管理职能的确定和运用是否合理等，会直接影响管理的效果。

实验室管理者要在管理活动中有效地发挥作用，必须要有一定的权力和能力，实验室管理者的权力通常是通过医院领导授权取得的，但不应忽略实验室管理者本人的影响力。实验室管理者需具备组织协调能力、专业技术能力以及影响力和号召力。作为一个实验室的管理者，要尽量满足这些要求，但在不能求全的情况下，对于管理者而言，最主要的能力应该是组织协调能力，因为实验室管理工作主要是组织、指挥、协调工作，而不是单纯的技术、业务工作。当前，我国实验室管理者多为生物化学、血液学、免疫学、微生物学等专业领域的技术专家，他们通常具备较强的专业技术能力以及一定的影响力和号召力。然而，他们在组织和管理方面的能力往往不足，且缺乏相应的系统性培训。因此，医院领导及实验室负责人必须充分认识到组织管理在实验室运作中的核心作用，并采取有效措施促进实验室管理者的管理能力提升。

实验室要想取得成功，就必须要有具备领导和管理才能的人员承担起实验室的管理工作。实验室管理者要有清晰的管理思路和工作方式，必须拥有敏锐的洞察力，善于把握检验技术的发展方向，接受过系统教育，具备相应的管理能力，有良好的身体条件，愿意承担责任，具备检验领域专业知识、实践经验，对经营、财务管理等专业知识有一定的了解。

（四）实验室管理人员的工作方式

现今的医疗环境要求实验室的工作应具有有效性、准确性、时效性、经济性和安全性，而实验室的检验项目、检验技术、分析仪器、实验人员等要素均处于持续变化的状态，这就对实验室管理提出了很高的要求。尽管实验室的工作环境在不断变化，实验室

管理的工作模式可以相对稳定，对实验室管理人员的工作方式建议如下：

第一，在与医院领导、临床科室及医院有关部门商议后，明确实验室能够提供的检验服务范围。

第二，配备足够的设备和人员等资源，以满足医师、患者等实验室用户的需求。

第三，实验室工作人员必须接受专业技能和管理知识的双重教育与培训，并达到国家规定的相应资格要求。

第四，建立实验室质量保证体系，制定实验室管理文件，并对其定期审核和修订，以保证质量体系的正常运转和不断完善。

第五，对实验室的收入和支出应实行有效的管理和控制。

第六，管理人员应积极参加临床实验室活动，从管理和技术两方面对实验过程实施全面的质量控制。

第七，建立实验室内部和外部的沟通制度，沟通必须是双向的和开放的。

第八，实验室需制定详尽的发展规划，明确其定位、预期达成的长远目标以及相应的策略。同时，短期目标的设定应作为整体战略规划的重要组成部分。

第九，检验结果必须以准确、完整、易于理解的方式迅速送达到医生等用户手中。

第十，实验室有责任就检验报告为临床医生提供科学的解释和参考意见。

第二节　医院科技档案管理

一、科技档案

科技档案工作的基本任务是保管和开发科技档案信息资源。保管科技档案信息资源是科技档案工作为人类积累科技文化财富的具体措施，开发科技档案信息资源是为了发挥保管工作的效益，进一步推动科技档案工作的开展。

科技档案信息资源的保管和开发工作可分为三个层次：

第一个层次是以方便使用者查找为目的的信息开发工作，即科技档案部门编制检索工具，为使用者及时、准确地找到所需要的科技档案原件创造条件，并且通过不断完善检索工具的功能，形成科技档案检索体系，使库藏的全部科技档案都能够被使用者认识和使用，进而使科技档案信息资源得到广泛的利用。

第二个层次是以协助使用者利用科技档案为目的，进行信息开发工作，即科技档案部门对科技档案信息进行加工，为档案利用群体提供系统、优质的科技档案信息，以节省使用者查找、鉴别相关科技档案的时间，提高科技档案的利用效益。

第三个层次是以参与使用者的信息研究为目的的信息开发工作，即科技档案部门从单纯地为档案使用者提供适宜的科技档案信息，发展为有针对性地向使用者提供相关科技信息。这时的科技档案编研人员已经从单纯的科技档案信息的提供者变成了科技档案信息的使用者。

这三个层次体现了科技档案信息开发利用工作的发展过程，也是科技档案工作不断完善其功能的过程，对现代科技档案工作具有重要的意义。

（一）科技档案编研工作

科学技术档案编研工作简称科技档案编研，即在科技档案信息研究的基础上，按照一定的主题将相关科技档案信息集中，把它们加工成各种形式的科技档案信息产品，有效地向社会提供优质、系统的科技档案信息。科技档案编研工作具有以下特征：

1.科技档案编研以科技档案信息为主要工作对象

信息是人类社会活动的关键要素，随着社会信息处理能力的提升和信息量的不断增长，我国在信息管理领域逐步形成了图书管理、档案管理和情报管理等专业分工。在这些领域长期的管理实践中，逐渐积累了一定规模的管理对象，并针对这些管理对象的特性，开展了深入的信息研究与加工工作。

坚持以科技档案作为科技档案编研主要的研究、加工对象和信息源，是科技档案编研能够持续发展的前提。首先，长期、持续的积累使科技档案部门拥有丰富的科技档案信息资源，以科技档案信息作为开发的主体，可以发挥科技档案部门的优势。其次，科技档案具有较强的专业性，开发科技档案信息资源需要编研人员具备相关的专业知识，科技档案工作者长期从事科技档案管理工作，熟悉科技档案信息的特点，在开发科技档案信息资源时更为得心应手。

科技档案编研是以集中相关科技档案信息的形式为使用者服务的。为确保科技档案信息的实用性，必须兼顾科技活动的持续性和动态性特征，及时更新和补充相应的科技信息。同时，考虑到使用者的实际需求，需将他们关注的信息纳入编研内容。因此，在编研过程中，相关工作人员应重视将科技对象的最新信息及时整合进编研成果。

2.科技档案编研以主动满足一定规模的利用需求为目的

科技档案编研是开发科技档案信息资源的一种方式，是针对大量和系统的利用需求，积极提供高质量的科技档案信息服务的具体措施。科技档案编研工作强调编研的目的性，要求编研工作满足一定规模的实际需要，随着信息化的发展，还将更加注重编研工作的效益。

3.科技档案编研以档案信息研究为基本手段

科技档案编研是一项科技信息的再生产活动，与其他科技档案工作相比，其突出特点是对科技档案信息的智能控制。其他科技档案工作多以档案实体为对象，如科技档案的整理、立卷、保管、调卷等工作，虽然都是专业性较强的档案技术操作，但是它们很少涉及对科技档案信息的研究。科技档案编研工作要实现其目的，必须以科技档案信息研究为手段，离开了对科技档案信息的研究，任何一项编研工作都将寸步难行。

4.科技档案编研以提供高质量的档案信息服务为标志

科技档案编研的核心宗旨在于深度挖掘科技档案信息资源的潜在价值。基于此，科技档案编研通过提供便捷的科技档案信息访问途径及创新的载体形式，使其产出的信息产品有效缓解了科技档案利用过程中的矛盾现象，较好地满足了用户的需求。科技档案编研工作不仅对每项编研成果的信息质量提出了严格要求，还强调了编研成果的高效性。在此意义上，科技档案编研成果具有其他档案利用形式无法比拟的优越性。

（二）科技档案编研工作的内容

为满足经济建设、科学技术进步及信息经济发展的需求，达成科技档案编研工作的既定目标，科技档案编研工作应涵盖编研技术工作与编研管理工作两部分。

1.科技档案编研技术工作的内容

（1）科技档案编研项目的选题

生产活动是人类社会基本的实践活动，由于其目的、内容、方法及要求各异，对科技档案信息的需求呈现出多维度和多层次的特点。为了达成科技档案编研工作的预期效益，首先要根据科技、生产及其管理活动与社会其他工作对科技档案的利用需求，有针对性地确定编研项目的主题。为了提高科技档案编研成果的利用效率，还需进一步确定最适宜表现编研信息主题的编研成品类型。这样才能实现编研工作的目标，进而为编研任务的顺利完成奠定基础。

（2）科技档案编研材料的选择与核实

掌握充足的科技档案资料是开展科技档案编研工作的基本要求。受科技档案的形成规律的制约，尽管科技档案信息内容丰富，但同类信息往往分散存放在不同的档案体系中。科技活动的关联性和渗透性导致相关科技档案信息在实体档案中的分布更为分散。因此，为了满足编研成品的主题和类型要求，必须对科技档案资料进行深入的检索和甄别。

（3）科技档案信息的加工

科技档案信息加工指按照既定的要求，通过对入选科技档案材料的综合、归纳、提炼与改编，形成科技档案信息单元的编研过程。科技档案信息加工旨在提升科技档案信息表述的精确性，增强其可操作性；同时，明确科技档案信息间的内在联系，以提升信息的整体价值，为使用者提供便利，从而为科技档案信息价值的实现奠定基础。

（4）科技档案编研成果的后期制作

科技档案编研成果是系统揭示相关科技档案信息的载体。必须按照一定的结构和形式，将加工的信息单元有机组织起来。按照信息交流的要求，还要编写相关的辅助部分，经过编排与后期制作，将单独的科技档案信息组成便于流通和使用的科技档案编研成果。如果将编研工作类比为工业产品的生产过程，那么信息加工就是"零部件的生产过程"，编排与后期制作就是"整机装配过程"。

（5）科技档案编研成果的校核与审定

科技档案编研成果的校核，是指对编研成品进行整体的检查与修改。科技档案编研成果的审批，是指在对编研成品初稿进行校核的基础上，做出有关该编研成品制作、交流的一系列决定。虽然校核和审批均旨在确保编研成品的质量，但是它们的任务与责任是不同的，校核是保证编研成品质量的重要环节，审定则反映了科技档案编研成果的法人主体对其知识产权的确认与认定。

2.科技档案编研管理工作的内容

科技档案编研工作是一项长期发展的科技档案业务工作，必须对其实行科学管理，才能使它真正成为科技档案工作的发展新动力。加强编研工作的组织管理，是科学、高效地开展科技档案编研工作的客观要求。科技档案编研管理工作的内容包括：

第一，对编研计划的管理，即运用现代管理方法及市场经济的理论和方法，组织、

协调与指导本单位及所属单位的科技档案编研项目。

第二，对编研人员的管理，即根据科技档案编研工作的要求，对编研人员进行合理的组织与培养，提高其工作积极性与编研技术水平，从根本上保证科技档案编研工作的顺利进行。

第三，对编研作业的管理，即以控制编研成品的质量为目标，对编研作业实行全过程的科学管理，不断提高科技档案编研工作的效率。

第四，对编研成果的管理，即对编研成果进行申报、评价及对编研档案的管理。

（三）科技档案编研工作的必要性

1.现代化建设的客观需要

现代化是一个相对的观念，在各发展时期都具有不同的内涵。现代化使国人体会到了全球竞争的意义，市场机制的核心是竞争，而赢得竞争的前提是获取充分的信息，这足以说明信息在市场经济中具有重要地位。获得信息、分析信息、发布信息，既是政府制定宏观经济政策的基础，也是政府进行政策引导的手段。

当前，传统工业生产的核心地位正逐步被以信息技术革命为标志的知识经济所替代。知识经济建立在知识和信息的生产、分配与应用的基础上，是以高科技发展为主导的新的经济形态和以高新技术与知识密集型服务业为主体的经济结构。

知识经济的崛起导致现代市场竞争优势由制造技术向科技创新转移，导致无形资产在总资产中的比重显著上升。知识经济的崛起强化了社会对信息的需求，并凸显了信息加工的重要性，这一趋势不仅对传统信息工作产生了重大影响，而且催生了新兴信息产业的兴起，推动了以信息产品为基础的新兴信息服务业的快速发展。

信息在资源配置中的基础作用及其在科技创新中的积极作用日益显露出来，科技档案信息作为一种战略资源、经济资源、企业资源的观念逐渐深入人心。知识经济的增长方式使现代企业重新认识了档案信息资源的价值，科技档案工作者已经深切感受到现代企业的档案信息需求在规模和质量方面的变化，大力开发信息资源和活化科技档案信息已经成为科技、生产和管理活动的直接需求，这些需求已经难以通过提供科技档案原件来满足。

2.高效保护科技档案信息的历史要求

保存有价值的科技档案是科技档案工作的重要历史责任。随着科技档案数量的急剧增加，科技档案工作的任务日益艰巨。

值得注意的是，流传至今的珍贵古代科技文献，并不是前人保存下来的原始文献。在漫长的历史过程中，档案难免会受到破坏，永久保存十分困难。但是，将其中最珍贵的文献编纂成册，不仅便于当时科技知识的传播，而且能够使它们长久地流传下去，这条宝贵的历史经验值得后人借鉴。在科学技术飞速发展的今天，档案载体和记录方式迅速更新，档案数量的增长速度惊人，永久保存科技档案信息的难度将会更大。

3.现代科技档案工作发展的必然结果

科技档案是人类科技活动的衍生物，伴随社会主义现代化建设的蓬勃发展，形成、积累的科技档案与日俱增，科技档案的积累不断扩充着科技档案的数量，丰富着科技档案的信息资源。

首先，由于科技档案数量和种类的迅速增加，必然要求加强科技档案实体分类、立卷工作的科学性，这增加了科技档案管理的难度。同时，要求提高科技档案鉴定的准确性，在保证馆藏质量的前提下，尽可能地减少保管的数量。

其次，科技档案的利用频率逐渐提高，在使用中加重了科技档案的磨损程度，对科技档案实体的安全造成了一定的威胁，也加大了其他档案管理流程的负担。此外，由于科技档案数量的快速增长，传统的提供原件的档案利用方式面临调卷困难。科技档案的数量和种类越丰富，相关信息的分布就越分散，系统查找过程就更加耗时费力，这进一步激化了科技档案保存与利用之间的矛盾。

随着科技档案数量的持续增长，科技档案管理面临诸多挑战，这不仅推动了科技档案工作的专业化进程，也促进了科技档案工作者专业技能的提升，进而使得科技档案机构的运作更加规范和系统化。同时，各相关单位为科技档案管理部门提供了必要的设备支持和工作环境，从而推动了国家科技档案事业的显著进步。

知识经济的发展将信息的利用能力提升为决定现代企业生存与发展的关键因素，掌握信息流和运用数据分析技术，已成为企业决策过程中的基础性策略。面对激烈的国内外竞争环境，现代企业越来越重视对现有信息资源的收集和利用，通过深入挖掘和分析自身的档案信息资源，企业能够揭示以往未被充分认识或完全被忽视的数据关联，从而辅助企业管理层做出更为科学的决策。这一过程不仅显著提升了现代企业信息处理的效率，而且提高了科技档案工作的地位。

二、医院档案信息管理

（一）信息与医院信息

1.信息的定义与管理信息的特征

（1）信息的定义

信息是关于客观事实的可通信的知识。

首先，信息是客观世界各种事物变化和特征的反映。客观世界中的任何事物都在不停地运动和变化，呈现出不同的状态和特征。信息的范围极广，有自然信息、生物信息、管理信息等。

其次，信息是可以通信的。由于人们通过感官直接获得信息的能力极为有限，因此，大量的信息需要通过传输工具获得。

此外，信息是知识。所谓知识，就是各种事物的信息进入人们大脑，对神经细胞产生作用后留下的痕迹，人们通过获得信息来认识事物、区别事物和改造世界。

（2）管理信息

管理信息是经过加工处理后可传递的数据资源，对于管理活动具有至关重要的作用。一方面，信息流作为物资流的表征和描述，展现了物资流动的动态过程；另一方面，信息本身作为软资源，在掌握、指导和控制生产等环节中发挥着关键作用。信息流拥有庞大体量和高度复杂的组织结构，是衡量生产社会化程度的关键指标，同时也是生产社会化的关键构成要素。

管理信息具有以下特征：

①事实性

事实是信息的价值所在，不符合事实的信息不仅不能使人增加知识，而且有害。

②时效性

信息的时效性是指从信息源发出的，经过接收、加工、传递、利用所需的时间及其效率。时间间隔越短，使用信息越及时，时效性就会越强。

③不完全性

客观事实的知识是不可能全部得到的，数据收集或信息转换要有主观思路，否则会导致主次不分。只有正确地舍弃无用和次要的信息，才能正确地利用信息。

④等级性

通常可以把信息分为战略级、战术级和作业级。

⑤价值性

信息是通过加工并对生产活动产生影响的数据，是通过劳动创造的，是一种资源，因而是有价值的。

2.医院信息及其作用

（1）医院信息总体及其分类

①医院信息总体

一是医院内部各部门、各环节所产生的信息，如文件、计划、数据、统计、报表、症状、体征、疗效、经验和教训等。二是外界环境所产生的信息，如上级指示、方针政策、科技动态和社会反映等。

②医院信息分类

一是医疗信息，主要是病人的临床诊疗信息，包括临床诊疗信息、医学影像检查信息，治疗信息、护理信息、营养配餐信息、药物监测信息、重症监护信息等。二是管理信息，包括医院的组织机构、编制、医疗业务、人事、行政、后勤、财务、教学、科研等信息及管理决策等有关信息。三是医学咨询信息，包括医学情报，科技情报，各种文字、视听检索资料，病案，图书，期刊和文献资料等。

（2）医院信息的作用

医院信息是医院管理的基础。医院资源包含三个方面：一是人，各类人员组织的活动及人才建设、技术力量的提高等，最终转换为医疗成果。二是物，包括各种药品、设备。三是信息，包括各种数据资料。要想合理组织人力、物力，充分发挥信息的作用，达到良好的医疗效果，就要借助信息的流通，只有这样，才能使决策者耳聪目明，使其决策、计划、指令正确有效，使得医院管理井然有序。

医院信息是制订计划和决策的依据。计划和决策本身就是信息，要使计划和决策切合医院实际，行之有效，在实施中少走弯路，就必须掌握各方面的信息，如上级指示、方针政策、社会反映以及医院的各种资料、数据。

医院信息是提高医疗技术水平的资源技术。医院要发展，水平要提高，就必须要掌握大量的医学信息，包括国内外科技动态、先进技术、先进经验、失误教训、资料积累和工作检查回顾等。只有掌握各种医疗信息，并对其加以归纳整理，才能提高医务人员的理论知识和技术水平，从而提高医院的总体技术水平。

（二）医院信息系统与信息利用

1.医院信息系统

医院信息系统（Hospital Information System，以下简称 HIS）是计算机技术、通信技术和管理科学在医院信息管理中的应用，它既是计算机技术在医院管理、临床医学和医院信息管理方面长期影响和渗透的结果，也是这些领域相互融合的产物。

医院信息系统基本实现了对医院各个部门的信息的收集、传输、加工、保存和维护。医院信息系统能够高效处理海量的医院业务层工作信息，实现对基本医疗信息、经济信息及物资信息的全面统计与分析，并能迅速提供动态变化的信息，为医院管理层及时提供准确的医院信息。

2.医院信息利用与再利用

无论是获取信息、加工信息，还是存储信息、传递信息，最终的目的都是应用信息。信息来源于实践，经过加工整理后，最终还是要用于指导实践。信息指导实践的过程就是对信息的利用。

拥有信息的目的是应用信息。无论是医院信息、病人信息，还是医院管理信息，主要是为了通过应用信息来创造新的效益。对于信息的加工处理都是以信息利用为前提的，通常是先有了信息管理的需求，需要利用信息，再去提取信息、处理信息。

应用信息的过程又会产生新的信息。应用信息的过程，本身就是新的信息产生的过程。信息反馈过程也是新信息生成的过程。在医院管理中，信息主要在应用过程中生成。医疗数量信息能够为医院管理者提供丰富的日变化数据，通过对这些数据的深入利用，并结合医院管理的目标控制或预测等手段，将产生更具指导价值的管理信息。

信息是根据"拥有—应用—再拥有—再应用"不断循环的。信息是动态的，旧的信息会随着信息的利用被新的信息所代替。因此，信息利用就是新信息代替旧信息的过程。因此，只要有管理需求，就一定要有新的信息，信息应用的价值就在于此。

信息利用的意义有以下四个方面：

第一，信息只有通过利用才能体现价值。

第二，信息只有通过利用才能不断发展。

第三，信息只有通过利用才能发挥信息效能。

第四，信息只有通过利用才能做到资源共享。

医院信息系统为医院管理提供了广阔的应用空间和平台，对医院信息系统采集的大量信息进行信息再利用也是医院管理的一个重要问题。从某种意义上讲，信息的再利用意义更大、难度也更高，它在医院管理中更能切合医院管理的需要，更具有针对性和实用性。

第一，信息再利用在医院管理和决策中扮演着专题调查与分析的角色，具有明确的目的性和目标性，既涵盖宏观政策层面，也涉及微观具体的任务执行。

第二，信息再利用在处理信息时超越了传统医院信息系统的界限。一方面，它可以提取更多组数据；另一方面，需运用多样化的管理技术与方法，有时甚至需借助多种计算机软件协同完成。

第三，信息再利用根据医院特定的管理思想和模式进行决策、预测以及统计分析，一旦成熟，它将形成与医院管理信息配套的管理子系统。

医院信息系统中的信息利用和再利用主要取决于医院管理者的管理思路、医院管理人员的信息处理技术以及医院各业务部门的数据质量。因此，医院信息再利用的技术方法和手段应该作为医院管理者进一步学习提高的重要内容，只有把医院信息处理技术作为得心应手的工具，才能真正利用信息，为医院服务。

第三节　医院人事档案管理

一、人事档案和人事档案工作

（一）人事档案

1.人事档案的定义

人事档案是在人事管理活动中形成的，详细记录和反映个人经历、德才能绩、工作表现，以个人为单位集中保存起来以备查考的文字、表格及其他各种形式的历史记录。

人事档案是历史地、全面地考察了解和正确选拔任用职工的重要依据，是国家档案的重要组成部分。在我国，干部（公务员）、职员、工人、学生（从中学开始）、军人都要建立人事档案。

人事档案主要来源于一定单位的人事管理活动。人事档案就是国家在用人治事以及处理人事相关事务过程中所形成的文件材料。例如，为了解员工的基本情况，用人单位会要求员工填写履历表、登记表；通过对员工进行鉴定、考核和民主评议，形成鉴定书和考核材料；在用人过程中，形成录用、定级、调资、任免、晋升、奖惩等方面的各种文字、表格材料。

人事档案是反映个人经历、思想品德、业务实绩、个性特点、专长爱好等情况的原始记录，可以真实反映一个人的客观面貌。人事档案中的履历表、登记表，是个人经历、思想演变、家庭与社会关系的反映；历年的鉴定，记载着个人不同时期表现和组织的评价；入党、入团、提职、晋级等材料，是个人在党和组织的教育培养下成长的佐证；政治与工作情况的考核、考察、奖惩与科研成果的登记等方面的材料，是个人政治表现、工作能力、成绩贡献、技术专长的展现。

人事档案是具有使用价值和保存价值的文件材料。在人事管理活动中形成的文件材料，凡是决定归入人事档案的，必须是完成了审批程序，内容真实、完整齐全、手续完备、有查考价值的材料。

人事档案是根据个人姓名建立的独立档案卷或档案册。档案内容和组成要素仅包含与该个人相关的文件资料，以方便查找和使用。假如个人的人事档案资料发生分散，将无法完整地呈现个人的全面情况，这将对个人的综合评价产生不利影响。

2.人事档案的特点

（1）现实性

人事档案是由组织、人事、劳动部门针对在职及离退休人员所建立的，由专门反映员工个人情况的文件材料组成。人事档案涉及的当事人，绝大多数还在不同岗位上工作、生产或学习。组织、人事、劳动部门为了评估和合理配置员工，要经常查阅人事档案，了解其经历、品德才能和工作业绩，以便将其安排在最适合的岗位上，充分发挥其聪明才智。在现实生活中，查阅档案已成为选拔人才的必要工作程序。人事档案往往在决定一个人是否被录用及如何录用方面发挥着关键性作用。但是，人事档案是对"过去"的历史记录，而它反映的对象——个人，又每天都在发生着变化。

（2）真实性

人事档案的真实性，与一般意义上所说的档案的真实性还有一定区别。档案的真实性有两方面的含义：一方面，档案从总体上说，是由社会实践活动中形成的文件材料转化来的，是历史的沉淀物，客观地记录了以往的历史情况，无论是内容还是形式都表现出原始性，是令人信服的证据；另一方面，从具体的档案材料来说，由于人们认识水平的局限性等原因，有一部分档案所记载的内容并不真实，甚至是恶意的歪曲与诬陷。档案的真实性是相对的。人事档案的真实性，有着特定的含义。对个体来说，每一份档案材料的来源、内容、形式等都必须完整、真实。凡是来源不明、内容不实、是非不清的文件材料不能转化为人事档案，即便已经归档也要删除。

（3）动态性

历史在发展，社会向前进，每个员工的情况也在不断发生变化。人事档案从建立之日起就是动态的，而不是静止的。一方面，由于人事档案涉及的当事人，每时每刻都在都在发生变化，因而决定了人事档案必须根据当事人的情况变化而不断增加新内容、补充新材料，以适应人事管理的需要，例如当事人学历的变化，能力的提高，职务和职称的晋升，工作的新成就，工作岗位的变化，以及奖励、处分等都应及时记载并收集到档案中，直至当事人逝世，才意味着收集补充材料工作的终止。另一方面，人事档案随着人员的流动而不断转递。人到哪里，档案就转到哪里，"档随人走""人档统一"是管理人事档案的原则，也是人事档案发挥作用的必要条件之一。档案转递不及时，会出现人、档分家，发生"有档无人"或"有人无档"的情况，影响单位对工作人员的了解、培养和任用。

（4）机密性

人事档案在相当长的时间内是保密的，不宜对外开放。在档案管理工作中，必须贯彻执行党和国家的有关法规和制度，确保档案资料的完整性与安全性。人事档案是组织在评估和任用员工的过程中形成的，详细记载了员工的教育背景、工作经历、科研成果、考核评价以及奖惩情况等信息。它既涉及有关工作的重大事项，又有公民的隐私。由于人事档案涉及国家机密和当事人的私生活，在较长时间内必须保密，应建立严格的管理和利用制度，确保国家机密的安全，切实维护当事人个人隐私权不受侵犯。

3.人事档案的一般作用

人事档案作为评估和理解员工的关键工具，详细记录了员工的工作与生产实践活动、思想行为、政治立场、业务能力以及个人素质等多方面信息。通过对人事档案进行深入分析，组织能够根据每个人的个人特征，做出录用或晋升等决定，达到"因材施教""量才录用"的目的，从而有效调动人才群体的积极性。

人事档案是做好组织人事工作不可缺少的依据。组织人事工作的根本任务，是知人用人，应做到知人善任，选贤举能。知人是善任的基础，要想知人，就要全方位地了解人。既要了解其德，又要了解其才；既要了解其长，又要了解其短；既要了解其过去，更要了解其现在。

人事档案是澄清个人问题的凭证。人事档案是个人历史与现实的原始记录，它可以为落实人事政策，调整工资级别，改善当事人生活待遇，确定或更改当事人参加工作、入党、入团的时间及解决个人历史上的遗留问题提供可靠的线索或凭证，是查考、了解和处理问题的依据。

人事档案为人力资源的开发提供信息与数据支持。通过深入分析人事档案内容，组织及人事部门能够揭示人才成长的内在规律，提升人事管理的科学化程度，促进人才资源的有效开发，以满足社会对各类人才的广泛需求。

人事档案内容丰富、数量巨大，有较高的史料价值。它是研究党和国家人事工作，研究党史、军史、地方史、思想史、专业史，撰写名人传记的珍贵资料。人事档案由人事部门构建，其中包含大量由当事人亲自叙述的材料，这些材料细节丰富、事实确凿、时间精确，为历史研究提供了可靠的证据。

（二）人事档案工作

1.人事档案工作的基本任务和人事档案管理部门的职责

人事档案工作是用科学的原则和方法管理人事档案，为组织、人事及其他工作提供人事档案信息服务的一项工作。人事档案工作是组织、人事工作的重要组成部分，也是国家档案工作的组成部分。它是为贯彻执行人事工作路线、方针和政策，选贤举能，知人善任，为社会主义现代化建设服务的。

人事档案工作的基本任务是：根据组织、人事工作的需要，加强人事档案材料的收集归档工作，完善管理体制，搞好队伍建设，做好基础工作，进一步改善档案保管的条件，努力提高科学管理的水平，有效地为组织、人事工作服务，为社会主义现代化建设服务。

2.人事档案工作的管理体制

人事档案工作实行集中统一和分级负责的管理体制。人事档案是人事管理活动的历史记录，是开展人事工作的必要条件，管理人事档案是人事工作自身的需要，是组织、人事、劳动部门的职责，人事档案应由各级组织、人事、劳动部门集中统一管理。

我国的人事档案工作目前仍实行分块管理，干部档案工作的领导与指导，由各级党委的组织部负责；企业职工档案工作由所在企业的劳动职能机构负责，接受劳动主管部门的领导与指导；学生档案工作由所在学校的有关部门负责，由教育主管部门领导与指导；军人档案工作由各级政治（干部）部门负责领导与管理。除军人档案工作外，上述各项档案工作均已纳入全国档案工作管理体系，由各级档案行政部门按《中华人民共和国档案法》等有关规定，进行管理和协调。

二、医院人力资源管理的沿革

（一）传统的医院人事管理

从中华人民共和国成立到改革开放前，我国卫生事业的性质一直是福利性质，即由国家按经济计划安排居民卫生保健和卫生事业经费，按指令性计划分派卫生资源，医疗机构绝大多数由国家和集体兴办，实行社会主义公有制。

在传统的计划经济体制下，医院管理体制行政化，在人事制度上，医院具有与行政单位相应的行政级别，而行政级别又决定了事业单位人员的地位和待遇，实行以身份管理为主要特征的单一化的干部人事制度；事业单位无权确定编制和选择人员的类型，不能按"公开、平等、竞争、择优"的原则自主录用和辞退人员。

我国的医院组织机构以政府主办的医院为主，与集体主办的医院相结合；以公有制医院为主体，个体和民营医院为补充。医院的人事制度是与我国经济、政治体制和卫生体制、干部体制相适应的。在高度集中的计划经济体制和干部管理体制下，医院逐步建立起一套用管理党政机关干部的模式来管理医院工作人员的人事管理制度。这种人事管理制度对促进我国卫生事业的发展曾起到过积极作用，但随着改革的不断深入，其弊端也日益显现出来，主要表现在如下方面：

第一，缺乏科学的分类。所有医院的管理人员和专业技术人员，都使用"国家干部"的称谓，不便于对工作性质、能力要求、个人素质各不相同的人员进行分类管理。

第二，缺乏用人自主权。医院没有用人自主权和分配权，员工没有选择职业和岗位的自主权，常常是一次分配定终身，不利于人员积极性的发挥和优秀人才的成长。

第三，管理办法单一。在管理实践中，医院普遍采用与管理党政干部相同的单一模式来管理全体医务人员。医院统一按行政级别划分，这种做法忽视了事业单位与行政单位之间的本质差异，导致事业单位趋向行政化、机关化，阻碍了医院的自我发展，引起医院在机构设置、规模扩张、人员配置、编制分配等方面的攀比现象，导致医院组织机构臃肿，人力资源浪费，工作效率低下，给国家财政带来了沉重的负担。

第四，管理制度不健全，人员易进难出，职务、身份和待遇终身制的现象普遍存在。这些问题使医院失去了应有的生机和活力，影响员工积极性、主动性和创造性的发挥。

医院人事管理的职能主要表现为协调职能与垂直沟通职能，其核心在于实施严格的制度化管理、命令式指导以及简化监督流程。人事管理的内容主要是人事档案管理，如记录员工的进出、岗位的变动、职务的升降、工资的变化等，还包括响应性管理，即针对员工所面临的困难，通过反馈机制进行问题的识别与解决。

总的来说，传统的医院人事管理忽视了员工的主观能动性和自我实现的需求，是一种被动的、缺乏创造性的管理模式。

（二）医院人事管理的改革过程

随着我国整体性人事制度改革的逐步开展，事业单位在领导体制改革、管理体制改革、任用制度改革、专业技术聘任制度改革、工资分配制度改革等方面都取得了一定的进展，积累了一定的经验，具体有以下几个方面：

第一，改革事业单位的领导体制，逐步推行行政首长负责制。凡实行院（所、站）长负责制的单位，院（所、站）长都处于中心地位，有生产经营权、机构设置权、用人自主权、分配决定权，这样有利于调动院（所、站）长的积极性，有利于统一管理、统一指挥，也有利于提高决策速度和工作效率。

第二，改革经营管理制度，实行以承包为主的多种经营管理制度。

第三，按照竞争择优原则，实行多种形式的用人制度。在行政领导人员的任用方式上，采取委任、聘任、公开招聘、竞争上岗等多种任用方式。引入竞争机制，可以增强民主程度和群众参与程度，并由主管部门与被聘任者签订目标责任期合同，实行目标管理责任制。在对院长以下人员的任用方式上，也采取了多种形式的聘任制度；对副院长的聘任和对中层干部的聘任，大部分由医院自主决定，由院长依据一定程序，择优进行聘任；对于专业技术人员，医院普遍实行专业技术职务聘任制，对于工勤人员则实行工人技术等级考核制度。有的医院在内部用人制度上实行聘用合同制，院长与中层管理人员、中层管理人员与一般人员层层签订聘任合同。

（三）现阶段医院人力资源管理的实践

人力资源管理改革的核心是引入竞争机制，改革的目的是建立与市场经济体制相适应的、符合卫生工作特点的人力资源管理体制和运行机制。

目前我国的卫生人事制度改革已经取得了一些新进展，主要体现在以下方面：

1.实行医院人员聘用制度

人员聘用制度是目前事业单位人事制度改革的基本内容，事业单位按照科学合理、精简效能的原则设置岗位，按岗择人，以公开招聘、考试或者考核的方法进行聘任，并根据国家有关规定确定岗位的工资待遇；对卫生管理人员实行职员聘用制，可以采取直接聘任、招标聘任、推选聘任、选任、考任、委任等多种任用形式，实行任期制和任前公示制；对卫生专业技术人员实行专业技术职务聘用制，深化职称改革，实行从业准入制度，评聘分开，淡化评审，强化聘任，医院自主决定高、中、初级专业技术职务岗位的设置；对工勤人员实行聘用合同制，根据职业工种、技能等级、实际能力等条件，竞争上岗、择优聘用。

2.分配制度改革

分配制度改革主要有如下要点：将技术作为重要的生产要素参与分配；按照岗位聘任职务发放工资；实行绩效工资制度；拉开奖金档次，奖金按系数分配，根据职工的技术职称、风险责任、完成工作的数量和质量等因素确定系数。

3.实施人事代理制度

人事代理制度是一种新型的人力资源管理制度，医院与人才中介机构签订人员代理协议书，将医院在职职工的人事档案全部转入人才中介机构管理，实现了医院职工从"单位人"向"社会人"的转变，为实行全员聘用合同制奠定了基础。

三、医院人事档案管理工作优化分析

医院是社会保障体系的重要主体，主要为人民群众提供基本的医疗服务，是解决看病难、看病贵问题的关键。随着社会经济的快速发展和医疗卫生事业的进步，人民群众对医院管理水平和服务质量提出了新要求，医院不仅要有专业、高超的诊疗技术，还要通过良好的医疗服务提高患者的生活质量，改变其精神面貌。医院内医务工作者的服务水平对医疗服务质量有着直接影响，高效的人事档案管理不仅能为医院管理层提供准确的人力资源信息，还能够引导医务工作者的职业发展，推动医院战略规划的顺利实施。当前，医院人事档案管理工作依旧存在一些问题，如管理者对人事档案工作不重视、档案资料时效性差、管理方法落后等，制约了医院管理效率和质量的提高。因此，医院应基于自身档案管理工作的特点采取一系列的人事档案管理优化措施，落实国家医药卫生体制改革的要求，促进医院的高质量、可持续发展。

（一）人事档案管理对医院人力资源管理的意义

人事档案管理工作水平能直接反映医院人力资源管理的水平与质量，全方位展现医院医务工作者的专业水准和综合素质，为员工的职业发展提供客观的参考信息。人事档案管理对医院人力资源管理的意义，主要体现在提升医院人力资源管理决策水平、优化医院人力资源配置、促进员工综合能力提升三个方面。

1.提升医院人力资源管理水平

人事档案的个人基本信息，包含了员工的教育背景、培训及实习经历、工作经验与表现、技术专长、荣誉成就、综合素养等方面的内容，有助于医院了解员工的业务能力与素养，能为医院人力资源管理工作如人才的选拔、绩效管理、内部人员调动、培训计划等提供客观依据。

2.优化医院人力资源配置

人事档案记载了医务工作者的专业教育、职业资格信息，有利于管理层根据医院的实际工作需求快速调配合适的人才，将人才与岗位完美匹配，为人才梯队建设助力；通过人事档案数据分析，还能快速了解岗位与人员的匹配状况，判断各部门是否存在人员短缺或人员冗余的现象，避免人才的闲置和浪费，提高人才使用的灵活性，优化人力资源配置。

3.促进医院员工综合能力的提升

分析员工人事档案中的教育背景、工作经历等信息，能够发现员工在工作技能方面的不足，有利于制订有针对性的员工培训计划，监测、总结员工技能培训的效果。人事档案也能帮助员工认识自身技能的不足，为员工的职业规划和技能发展提供原始资料，激励员工提升个人业务素养。此外,通过人事档案还能发现不同员工的经验和专长,为交叉培训项目的开展提供明确依据和重要支持,从而提高人力资源管理成效和医院的整体服务质量。

(二)医院人事档案管理工作的优化措施

优化医院人事档案管理工作,有利于提高医院人力资源管理的效率,提升医院的整体运营水平,为患者提供更优质的医疗服务。针对当前人事档案管理工作中存在的问题,医院可从以下几个方面采取优化措施:

1.更新医院人事档案管理理念

不重视人事档案管理已成为当前医院人力资源管理工作的普遍现象,医院应更新人事档案管理理念,提升对人事档案管理的重视程度,在现代人力资源管理理念的指导下,更好地发挥人事档案在人力资源管理工作中的关键作用。

首先,医院管理层要高度重视人事档案管理模式的创新,深刻认识到人事档案管理的重要意义,积极学习现代人事档案管理方法,全面落实人事档案规范化管理,借鉴兄弟单位的成功经验,为创新医院人事档案管理模式提供支持和指导。

其次,应积极引进、培养复合型人力资源管理人才和大数据分析师,加强对人事档案管理人员的培训,学习现代人事档案管理理念和技能,引导员工提高对人事档案重要性的认识,增强员工的人事档案管理意识。

最后,要营造良好的医院人事档案管理文化氛围,将重视人才、尊重个人隐私的观念融入医院文化建设,提高人事档案管理人员的责任感、认同感,增强其保密意识,推动人事档案管理水平的全面提升。

2.加大人事档案管理信息化建设投入

创新档案管理模式,实现人事档案管理信息化,能为人事档案管理工作提供强大的动力。考虑到医院的级别、所在地区经济发展水平,医院在制定人事档案管理信息化建设规划的初期,应充分评估医院经济实力、学科优势,在技术选型、资金投入、人员培训等方面探索建立适合医院实际的信息化综合管理系统,并在此基础上开发符合医院人力资源管理需求的人事档案管理信息系统,优化档案录入、保存的流程,明确各类数据标准,确保档案录入的一致性和准确性,并对录入的档案信息进行严格审核和定期更新。

人事档案管理信息系统应具备便捷友好的操作界面和报告生成功能,以便后续的数据检索、分析与使用。档案安全是人事档案管理的重点，应采取有效的安全技术措施，注意隐私保护，加强系统访问的身份验证功能，提升系统的访问控制水平。人事档案管理信息系统对员工的信息技术应用能力的要求较高，为更好地帮助员工熟悉操作系统，医院可提供必要的培训，帮助员工全面了解系统的功能和操作技巧，尽量减少违规操作带来的风险，提高员工对系统的认可度。

3.完善医院人事档案管理机制

完善医院的人事档案管理机制，不仅要借助信息化技术，而且要发挥制度的保障作用，从而提高医院人事档案的时效性和利用率，为医院的长远发展保驾护航。为提高人事档案管理的工作效率，应明确档案管理各个工作环节的责任人，形成一套完备的管理责任体系，并根据人事档案管理操作流程，针对档案收集、整理、存储、查询、使用、销毁等环节建立规范的操作标准和规章制度。同时，要推动档案数据资源的有效利用，简化烦琐的档案工作流程，结合人事档案管理信息系统，完善在线申请、自助查询等各类档案服务，建立严格的身份验证与访问授权制度，防止未经授权者越级访问敏感信息。为了确保人事档案的时效性，医院应开展定期、不定期的人事档案信息审查工作，确保人事档案中的信息能够反映员工的最新状况，提高档案信息的时效性、完整性和准确性，为医院的人力资源管理工作提供可靠的数据支撑。

4.挖掘人事档案数据管理功能

人事档案数据管理功能可为医院人力资源管理决策提供助力，有利于推动医院人才战略的实施，提升医院的人力资源管理能力。

首先，医院应将人事档案数据纳入绩效管理，能在历史数据的基础上为不同岗位、层级的员工设立合理的、有差异化的绩效考核目标；将员工的工作情况、绩效考核结果等纳入人事档案管理信息系统，以更好地评估员工的工作成果，确保绩效管理和人员晋升决策过程更加透明，提高人力资源管理的公正性。

其次，人事档案数据能全面展示员工的工作经历与技能，通过数据分析，能帮助医院合理配置人力资源，帮助员工找到适合自身专业和业务能力的岗位；医院依据人事档案数据分析员工的工作绩效、工作满意度等，还能防范人才的流失风险，提升医院人力资源管理的预见能力。

最后，深挖人事档案数据背后的价值，还能帮助医院发现人才，为各类员工提供合适的培训和发展机会，为关键岗位储备充足的人力资源。

通过更新人事档案管理观念、加大信息化建设、优化管理机制、挖掘档案数据管理功能等措施，医院能改进人事档案管理工作，快速提升医院的人力资源管理水平，激发员工的工作积极性，可以提高医院的管理水平。高质量的人事档案管理工作，能助力医院在日益激烈的医疗服务市场中保持竞争力，实现自身的高质量、可持续发展。

第四章　现代医院档案信息化建设

第一节　医院档案信息化建设的含义与对策

随着信息技术的迅速发展，信息资源数字化、网络化的进程进一步加快，医院档案的数字信息化建设成为当务之急。如何使医院档案信息加速向数字化方向发展，构建准确、及时、经济、安全的档案信息数字化系统，医院档案信息化建设需从医院软硬件设施的投入着手，包括建立标准化和规范化体系、档案信息资源的建设、网络档案信息检索系统建设等多个维度，对档案信息资源进行系统规划和建设，旨在为档案信息使用者提供高效优质的服务。

一、医院档案信息化建设的紧迫性

（一）医院档案业务工作迫切要求医院进行档案信息化建设

近几年来，医院的发展规模越来越大，面向精、细、广方面发展，形成的档案数量和门类相应增多，门类由原来的 10 大类增加到现在的 12 大类，新增了声像档案和电子档案；档案的存储介质已由单一的纸质形式拓展至磁盘、光盘等多样化的磁性材料。同时，医院档案在提升医疗服务质量、促进科研创新、解决临床医疗争议以及进行院史研究等方面的社会价值和认可度正逐渐提升。

（二）国家信息化建设和档案事业发展要求医院进行档案信息化建设

国家档案信息化建设主要围绕档案信息化基础设施建设、资源建设、应用系统建设、规章标准建设、人才队伍建设、安全保障体系建设六个方面进行。各省市也纷纷提出指导性意见，要求各医院要建立档案信息网站，实现档案现代化管理和医院办公自动化。

（三）医院档案信息化建设可以拓展医疗科技档案及临床档案的服务领域

档案管理归根结底是对信息资源的管理。信息资源的社会价值在于开发利用，开发利用的效果取决于开发的时效和利用的广泛性。医院档案不能仅局限于本单位内部，而应该实现档案的社会化，利用现代化管理手段储存各种信息，以便于档案的利用和开发，从而产生更广泛的社会效益。这不仅有利于全国乃至国际间的医学交流，吸纳外来的权威性、创新性的医学知识，还可以将本单位的经验推广到社会上，促进医疗事业的共同发展。

（四）医院档案信息化建设能使医院档案工作更加方便、快捷、高效

随着医院档案信息的数字化、网络化发展，档案管理网络软件普遍具备了网上归档功能。各归档单位只需在网上收发文件，并将处理完毕的文件材料上传到档案管理网络软件中，到年终时点击组卷归档，数据就会通过网络传到档案管理系统数据库中，档案管理人员进入系统数据库对转库的数据进行检查验收，符合标准的就直接提交入库，不符合标准的，就写上意见，将数据退回原单位进行整改后提交。同时，这也使档案编研工作、档案查阅工作变得更为简易、方便、快捷。医院档案信息化建设要求医院档案管理部门必须尽快改变传统的管理方式，以现代化、多功能的服务将档案信息及时、方便地提供给各方面的需求者。

二、医院档案信息化建设探索

（一）强化电子文件归档管理

充分利用医院网络资源共享的功能，将上级来文及医院各处、室生成的文件直接转换并归档至档案数据库。在纸质文件归档过程中，务必将同版本的电子文件同步归档，一并纳入本单位档案数据库系统，实现与医院办公自动化系统的无缝对接。

（二）软、硬件基础设施的投入

医院要加快档案信息化的建设，可以结合自己的经济能力，配置与档案现代化管理相适应的软、硬件，从而使档案信息化建设加快发展。医院应从实际出发，充分利用现有设备，按照"填平补齐、适当超前、适当延伸"的原则购置适当的技术设备，包括数据库服务器、路由器、图文影像扫描设备、存储设备等。除此之外，医院还应开发适合医疗行业使用的专门的档案管理软件。

（三）建立标准化、规范化档案管理体系

根据国家关于档案信息化建设的相关法规和标准，档案管理软件应具备以下功能：兼容多种文件存储格式、支持实时浏览、拥有互联网及内联网检索能力，并能实现文件收集整理、数据存储、检索浏览、借阅管理、权限控制、统计报表生成、鉴定销毁、数据输入（输出）及格式转换等操作，以满足医院文档一体化管理、业务流程优化和信息资源有效利用的需求。只有采用通用性强、广泛兼容的文件信息存储与交换格式标准，才能确保医院内部网络、卫生系统网络及档案系统网络之间档案信息存储与交换的顺畅进行。

（四）加强档案信息资源传输网络化，实现信息资源共享

档案的真正价值在于其有效利用，而档案信息化建设的实现将为档案信息的全面利用创造前所未有的条件。医院应构建档案信息网站，推行新信息在线发布、电子邮件服务、联机公共目录查询及光盘远程检索服务。同时，积极开展档案信息咨询服务，为用户提供定向、定题的交互式信息支持。通过运用现代信息技术，对档案信息进行深度加工、提炼和多层次开发，提供更多经过二次、三次加工的信息产品，从而拓展医院档案的服务功能，提升档案服务的整体质量。高质量且充足的信息资源，是档案数字化转型的基石，也是网络建设的核心所在。

（五）规划、建立有特色的数字化信息资源库

数字化信息资源库包括数字档案管理系统、数字目录中心管理系统、数字文档管理系统、数字文件管理系统等。档案数据库是档案室网络建设的重要组成部分，提供丰富的信息资源支撑。要加强网络建设，必须加强数据库建设。数据库的建设要以国际、国内标准为依据，集中力量建成若干个标准化、通用性好的文件条目数据库、全文数据库、

多媒体数据库。同时，档案资源数字化整理也需同步推进，即借助数字模拟整合技术，将室藏各类档案转化为数字形式，主要有三个基本途径：一是档案室把固化在纸质载体上的档案信息进行系统化开发与集成，并以数字化手段录入计算机。二是利用数字照相、扫描等技术将档案原件进行数字化处理。三是直接在办公自动化过程中形成规范的电子文件信息。

（六）加强档案信息技术人员队伍建设

档案信息化建设是一个将档案由传统管理转换为信息化管理的过程。信息技术、网络技术在档案领域的应用，对档案管理人员提出了更高的要求。档案工作人员应该是具有广博的知识并掌握现代网络技术的复合型人才。面对档案管理人员需求上的这一变化，首先要对现职人员做好培训工作，档案工作人员不但是档案学、文书学、信息传播学等方面的专业人才，而且是计算机应用软件开发、信息管理、数据库生产和服务、办公室自动化及计算机辅助设计等方面的专业人员。医院要积极开展多种形式的技术培训和技术交流活动，努力营造学习新技术、新知识的良好环境，促使档案工作人员在实践中成长，在工作中进步。

（七）建立医院的网络档案信息检索系统

档案信息数字化的最终目标就是实现高效快捷的信息检索。因此，我们做的大量前期基础工作是在为信息的检索功能做铺垫。只有建立高效的检索系统，档案信息数字化的意义才能真正体现。网络档案检索系统面临的问题很多，如系统的功能、适用于卫生系统局域网的信息组织与管理方法和技术，网络环境中对信息的使用权限设定等。解决好各方面技术的衔接问题并实现网络档案信息检索会大大提高服务质量，为广大的档案使用者提供便捷。

信息化是新世纪档案事业发展的重要方向，档案信息是经济发展的重要保证，在以知识和信息为主要特征的知识经济时代，档案信息存储和处理的数字化、收集与传递的网络化已势在必行，档案中蕴藏的丰富信息将在新世纪的医疗工作中发挥不可替代的作用，因此，医院必须加快档案管理的现代化进程，逐步实现医疗档案的信息化建设，为档案使用者提供优质的服务。

三、医院档案信息化建设的对策思考

档案信息化建设就是在档案管理活动中全面地应用现代信息技术，对档案信息资源进行高效处置和管理，以提升档案的利用效率。推进档案信息化建设无疑是档案工作的一次重大变革，标志着传统档案管理向现代档案管理的转型升级。

（一）高度重视是档案信息化建设的关键

只有实现档案信息化，才能冲破档案利用的种种局限。档案管理是医院现代化管理的组成部分，虽然档案只是医疗业务的辅助部分，但它却是医院领导决策的重要依据。因此，医院的档案管理有以下两个要点：一是要增强医院各级人员对档案管理重要性的认识，特别是提高医院领导干部的档案管理意识；二是要争取医院领导支持，多向领导汇报档案工作中的成绩及存在的困难，争取领导重视、关心、支持档案信息化建设，只有通过领导的重视和支持，通过档案管理人员的努力，才能实现医院档案信息化建设的目标。

（二）加快医院档案信息化基础设施建设

档案信息化基础设施是档案信息资源建设以及各项档案应用系统建设的基础和前提，关系着档案信息化建设的成败和整体水平。档案信息化基础设施建设的整体规划涵盖了档案信息化所需的全部硬件平台及网络架构。医院若要实现档案管理的现代化，就必须确保办公条件的完善，保障办公资金的充足，为档案管理工作创造便利条件，从而使档案资料不仅包含文字、照片、甚至涵盖光盘等多种形式，以利于档案的长期保存。

同样，先进的档案管理软件是实现档案信息化管理不可缺少的工具之一。先要选用经过国家鉴定的正规软件，在此基础上要对软件进行二次开发，建立适合医院管理的软件系统，可与医院的行政办公系统相接，实现文件形成、报送、接收、分类编目、整理等全过程的计算机管理。

（三）实行医院档案信息一体化管理

医院运作和管理的过程是一个获得信息、处理信息、利用信息的过程，医院作为一个综合管理系统，档案管理系统就是一个信息资源子系统，但医院现行的信息管理体系是档案与其他信息分体管理，系统之间缺乏必要的协调和联系。因此，医院要将档案这个子信息资源融入医院整体的信息化工作中，这样不仅可以节约人力、物力和财力，而且能够提供更丰富的综合信息，构建更具有综合效益的资源库。医院应推行信息与档案的一体化管理，建立一个结构合理、功能齐全、高效的信息中心，以顺应加速推进信息现代化建设的迫切需求。

（四）整合资源，促进档案信息化建设

档案信息化建设的核心问题是档案信息资源建设。医院的档案信息资源包含电子病案数据、财务数据、辅助科室检查数据、影像检查数据等，因此必须对这些信息资源进行整合，在确保数据安全与保密的前提下，实行统一管理和资源共享。在整合信息资源的基础上构建档案信息查询平台，使档案查询更加便利，并且不受时间、空间的限制，实现网络查询、远程查询，将传统的实物档案室转变为虚拟电子档案室。

（五）加强医院档案信息的规范化管理

医院信息量大，内容繁杂，部门之间各立门户，导致档案信息资源分散，信息编制标准不一，暂时不可能做到准确、有效、迅速地为医院管理服务。因此，推行集中统一的档案管理势在必行，这样不仅有助于医院档案工作的规范化、标准化、科学化，还能促进档案信息资源的综合开发利用，有利于便捷地向决策层和管理层提供档案信息，实现对外信息联网和资源共享。用最少的人力、物力投入，提供最优服务，充分发挥整体效益，是档案管理工作发展的方向和必然趋势。

（六）以人为本，建立一支高素质的档案队伍

档案工作人员自身的素质与档案信息化建设密切相关。因此，一是要重视档案工作人员的素质培养，为广大的档案工作人员创造良好的学习条件，安排他们接受计算机技术、网络技术、数字化技术、信息管理技术和现代管理技术等知识的系统培训。

二是要制定信息化建设的中长期规划和短期目标，吸引和培养医院档案管理领域的专业型人才，做好人才储备工作，打好档案管理工作的基础。

三是要关心和爱护档案工作人员，从职称晋升、工资待遇、评优等方面给予与医院专业人员同等的待遇和机会，让他们安心工作。档案工作人员也要顺应时代的潮流，努力学习和掌握信息管理知识。

现在，档案事业正面临严峻挑战，电子档案的出现、信息技术的应用、新型档案载体的保管问题，都迫切需要档案工作人员进行深入认识和解决，要把它们与实际工作联系起来，更好地提供医疗服务。

第二节　医院档案信息化建设和管理

一、医院档案信息化建设

（一）医院档案信息化建设面临的问题

1.档案管理工作人员的素质不能满足信息技术时代档案管理的需求

在信息技术时代，医院档案的管理形式发生了改变，应用的档案管理信息系统比较烦琐，要使档案处理得更迅速、更精确，档案管理工作人员的素质必须提高。然而，医院档案管理人员的知识未能及时更新，且医院在培训方面力度不足，导致档案管理队伍存在诸多问题，如专业技能陈旧、知识结构不合理、缺乏高层次档案专业人才等。这些问题使得档案管理人员的素质难以满足信息技术背景下的档案管理需求，档案管理工作仍停留在简单的信息录入、查询和提供应用的层面，与医院档案管理信息化的建设理念存在显著差距。

2.医院电子档案的最初形式很难判断与确认

在原有的医院档案管理形式下，档案是用文字的形式写在纸质介质上来储存的，人们可以较容易地经过笔迹、字体、印迹、印章来判断与分析档案信息。但在信息技术时代，档案的作者难以留下本人的笔迹，大部分档案是以电子形式储存在磁盘上的，是一种较为虚拟的档案，没有能辨别的迹象，使用者很难判断与分析其最初的形式，档案的真实性也会受到很大影响。

3.医院电子档案的隐秘性受到危害

在信息技术时代，医院电子档案全是以电子数据的方式储存在信息系统中的，而信息系统中的数据较容易由于人为的错误、硬件或软件损坏等技术性错误与水灾、火灾等自然灾害而遭到损坏。医院档案涉及医患的隐私，对保密性的要求极高。信息技术在医院档案管理中的广泛应用，为涉及保密的档案以及在特定时间内限制提供利用的档案的管理提出了很大的挑战。

4.医院电子档案容易丢失

大部分电子档案文件结构烦琐，储存形式多样，使得信息容易丢失或损坏。如果受到病毒感染，极有可能导致网络瘫痪，电子档案文件有可能就会瞬间丢失，很难找回或找回成本较高，因而给医院造成难以补救的损失。

（二）优化医院档案信息化建设

1.提高设施的安全性，保证电子档案的安全

之前说到电子档案在网络传送中存在安全危险性，因此要有目的地增强档案存储设施的安全性，应对措施包括对有关软硬件进行检查、升级、更新、维护，定期对相关设备进行检查和维修，安排网络安全监督人员，定时对入档的电子文件，尤其是重要的电子文件进行备份和更新，还要实施数字签名、身份验证、网络防火墙建设等措施。通过以上措施可以提高设施的安全性，最大限度地保证电子档案在传送、存储、运用过程中的隐秘性、连续性、发展性、安全性。

2.健全相关规章制度，规范操作流程

在使用信息技术对电子档案进行管理的过程中，要以实际情况为出发点，采取适合且科学的管理制度，如归档制度、电子文件隐秘制度、用户身份确认制度等，最大限度地拓宽电子档案管理的安全边界。在实际工作当中，应完善电子档案管理制度，确保各部门的处理方法和存储格式保持一致，对收集、管理、运用等操作流程进行规范，最大限度地避免因兼容性的问题造成电子文件损坏，减少在实际操作中的错误，而且要保证检索过程与电子文件制作和电子档案管理同步。

3.运用信息技术逐步推进，完成电子档案的信息化建设

要落实从实际出发的方针，医院应在总体规划的基础上，制定符合信息化建设要求的方案。医院需构建系统平台，并确立科学、合理的管理模式，逐步积累电子档案数据。

在此过程中，医院必须持之以恒，认识到这非一日之功。因此，应从实际出发，充分利用现有资源，深入分析当前电子档案管理信息化的现状，稳步推进，最终实现电子档案信息化的管理目标。此外，医院还应提升相关人员的思想觉悟和技能水平，树立正确的电子档案信息服务理念。

4.增强技能训练，提高电子档案管理人员的整体素质

医院要着重组织一支专业化的电子档案管理队伍，在选择管理人员时，要选择责任心强、作风正派的人，同时要注重对电子档案管理人员的专业训练，定期组织电子档案管理人员学习业务知识，使其能更好地掌握收集、整合、装订档案的技巧，并深入理解电子档案管理的科学方法。只有积极学习现代信息技术，才能有效推进医院电子档案管理工作的顺利进行。

二、医院档案信息化管理

（一）医院档案信息化管理的必要性

社会信息化的飞速发展决定了医院必须加快档案管理信息化的速度。现代信息社会日新月异，人们对各种时效性强、具有高价值的档案信息的需求越来越大，传统的档案管理模式正经受着巨大的冲击和挑战。面对这种冲击和挑战，各个医院只有顺应时势，加快档案信息化建设，尽快实现档案现代化管理，才能使档案管理工作适应新形势发展的要求。

实现医院档案管理信息化是解决自身存在问题、提升管理水平的根本途径。近年来，各个医院虽然在实现档案管理信息化方面做了一些工作，但总体来看，现代化程度仍不高，有些单位还比较落后，其管理意识、设备和方法、档案管理和利用能力均处于较低水平。解决这些问题的唯一办法，就是不断更新管理意识，改革管理方法，运用先进的技术设备，使医务人员从手工劳动中解脱出来，提高工作效率，从而实现管理现代化，从根本上提高档案管理水平。

实现医院档案管理信息化，是保障医疗事业可持续发展和医院自身发展的必要举措。医疗行业的发展亟须发掘、培育及塑造大批的建设性人才，各个医院只有全面掌握人事档案材料，才能合理配置人力资源，充分发挥人才的作用，确保实现医院的可持续发展。实现档案管理信息化不仅有利于发现、培养和造就大批人才为医院事业的发展服务，而且还会使档案信息资源得到更加充分的开发和利用，同时可以延长档案的寿命。

（二）医院档案信息化管理的措施

1.加强档案管理人员的素质

档案信息化建设是一项系统工程，其成功实施依赖于具备结构合理的专业人才队伍。加强档案管理人员的素质建设，是实现档案管理信息化的核心所在，它直接关系到档案信息化发展的速度与质量。

2.提高档案管理人员的业务能力

医院的档案信息化建设涉及数字化档案信息资源建设、计算机网络建设、办公自动化和文档一体化管理，可以说是一项技术工程。这就要求档案管理人员既要掌握档案学的基础理论和档案管理知识，又要掌握一些自然科学基础理论知识、计算机技术、网络技术和操作技能。具体而言，档案人员应该做到如下方面：

第一，能熟练运用信息工具。档案管理人员要注重自我完善，掌握计算机理论知识和操作技能，使自己能熟练使用各种现代信息工具，特别是网络传输工具，为更快、更好地开发和利用档案信息资源打下牢固的技术基础。

第二，能鉴定有效的档案信息。档案管理人员要把有价值的档案信息有效地传递给档案使用者，这是评价档案部门信息服务质量的一个重要标准。在网络环境下，信息量较大，内容也十分复杂，档案工作者必须具备比以往更强的鉴定评估能力，对档案信息进行判断、鉴选、分析，从中筛选出对特定使用者有用的部分，为档案使用者提供优质服务。

第三，能加工、提炼档案信息。在信息社会，档案使用者更需要"精要"的信息，提供"原件"已远远无法满足他们的需求，这就要求档案管理人员提高对档案信息的加工和提炼能力。许多档案信息具有多重价值，从不同的角度对其进行加工，剔除其中的无用成分并重新组合，将产生新的档案信息产品，从而实现档案信息的渗透增值能力，达到高效利用的目的。

3.提高档案管理人员的政治素质

档案工作是一项政治性、机密性很强的工作。因此档案管理人员应严格遵守党和国家的各项法律、方针、政策，严守国家机密，树立坚定的政治信念。

档案工作具有服务性强的特点，要求档案管理人员树立爱岗、敬业、奉献的精神和淡泊名利的价值观，在服务时努力做到主动热情、耐心周到。

　　档案工作也是一项复杂、细致、烦琐的工作，这就需要档案管理人员具备严谨细致的工作态度，在档案管理的各个阶段，包括全宗的区分、分类立卷、编目、鉴定、确定保管期限以及汇编和注释档案内容等，都要确保准确无误。

　　档案的收集工作是一项难度较大的工作，这就要求档案管理人员在工作中要有高度的责任感和使命感，耐得住寂寞，愿意为档案事业奉献精力与时间，不被一时的困难吓倒，勤奋学习，钻研业务。

　　4.创新档案管理制度

　　医院档案部门要在推动档案业务建设的过程中，认真学习贯彻有关档案工作的行政法规、实施办法等，制定适应信息化建设的档案管理制度。创新档案管理制度的方法如下：一是完善档案管理业务的流程和技术规范，细化电子档案管理的环节和步骤。二是制定必要的安全措施，确保电子档案的安全性和完整性。

　　5.统一档案管理标准

　　标准规范化是档案信息化建设的重要基础之一。档案信息化标准规范主要包括管理性标准规范、业务性标准规范和技术性标准规范。标准规范是档案信息化建设的"交通法规"，是衡量工作效率高低的重要标尺。因此，档案管理人员要认真学习国家和上级档案管理部门关于档案信息化管理的法规、文件，及时请教上级档案管理部门，制定出适合自己医院的统一的档案管理标准，并认真执行，从而建立医院的档案数据库，实现资源共享。

第五章　现代医院体检档案信息化建设

第一节　体检档案信息化整合系统的集合设计

在体检档案信息化整合系统的程序设计中,系统编设者应先对系统的最终用户做好需求调查工作,向相关使用者介绍系统的设计思路。在确定好系统的具体业务的基础上,利用相关工具,对系统进行功能和性能的分析和评估,有效地设计系统的各个功能模块,使其更贴合用户的需求。在必要时,系统设计人员应当使用设计工具来实现系统的一些特殊功能需求,并且分析和评估设计方案中存在的遗漏,确保设计过程中的问题能够得到及时修正,使系统的功能更加贴合用户的需求。

一、系统核心功能模块设计

系统核心功能模块分为三大模块:前台登录注册模块、后台核心录入查核模块、数据查询统计分析模块。这三大模块是对基本模块的整合和归纳,前台登录注册模块包括档案系统首页登录,检查化验结果询核。后台核心录入查核模块包括检查检验结论录入、检查检验结果查核、检查检验结果调询、体检项目管理、用户信息管理。数据查询统计分析模块包括患者的疾病数据情况累计后的统计、根据统计结果做具体的项目分析、体检数据的调出使用以及健康或疾病信息的统一汇总运用。

用户首次使用体检档案信息管理系统时应进行用户注册,系统维护管理员或项目管理员会仔细核对其用户信息,并及时给予相关权限;录入人员注册成功并取得用户权限后,开始录入体检化验结果和检查结果,依次经过归类分项、结果录入、结果核查三个阶段。审核人员对录入人员提交的结论和数据进行相关审核,依次经过初级审批(初审)、主检提交、终极审批（终审）、审批结项四个阶段，在各个阶段中若审核的结论或数据与原始化验单或报告不符，则应退回前一阶段的审核，并提交修改意见给相应的录入人员。学科负责人可以在相应的报告结论信息栏和检验信息报告查询界面查询到体检结果的详细数据信息。管理员可在数据项目管理模块和用户信息管理模块对检验项目和用户实施相关管理。

在完成这些步骤之后，体检信息数据库留存的信息已经充足，这样就可以根据患者的不同需求以及医学应用目的，对各类疾病的发病模式、条件特征及属性进行归纳统计，并进行数据源的项目分析，达到预防、控制各种疾病的目的。同时，如果患者需要到外地甚至国外体检，体检信息数据库也能够满足多样化的数据需求。

二、系统数据库设计

（一）结构设计

本系统使用的数据库是 MySQL，数据库的生成和维护工具采用的是 Navicat Premium。Navicat Premium 高级版是技术领先的数据建模开发平台，可以生成和维护数据库，以便高效地实现数据结构的可视化，使数据操作更加简便，也便于数据库的后期维护。

根据对本系统的深入分析，其主要实体涵盖管理人员、录入人员、查核人员、结论实体及数据实体。该系统中各实体及其相互间的关联与联系具体如下：

第一，录入人员在录入体检信息时，与结论实体和数据实体之间均呈现一对多的关系，即一位录入人员可同时录入多个不同的结论或数据。为确保结论与数据的顺利生成，同一结论或数据也允许由多位录入人员同时录入。

第二，录入人员所录入的体检信息及查核人员所审核的信息，均可由多位管理员进行权限分配。同时，一位管理员能够管理多位录入人员和查核人员，从而在结论、数据与管理员之间形成多对多的复杂关系。

第三，统计成果的生成依赖于对多个不同结论或数据的审核，体现出一对多的逻辑关系。

（二）数据表设计

建立体检档案信息数据库的步骤之一就是进行逻辑框架设计。

1.用户信息表（User）

用户信息表包括用户编号、姓名、性别、出生日期、身份证号、密码、医疗机构编码、科室编码、职务编码、职称编码、邮箱、手机号等字段信息。其中，用户编号字段的类型为 Int，主要用于添加用户，使其区别于其他用户，并且可以作为外键，与其他相关表取得联系。姓名字段的类型为 Varchar，用于显示用户姓名，可作为用户登录系统的登录名。密码字段的类型为 Varchar，用于显示密码，登录系统时需要使用密码进行验证。医疗机构编号字段的类型为 Int，可以和 Hospital 表进行连接，显示用户所属的医疗机构。

2.管理员信息表（Manager）

管理员信息表包含管理员编号、用户名称、登录密码、权限等信息。其中管理员编号字段的类型为 Int，用于唯一标示不同的管理员。用户名称字段的类型为 Varchar，用于显示用户的登录名。密码字段的类型为 Varchar，用来显示用户登录密码。权限字段的类型也为 Varchar，用来显示使用者权限。

3.权限信息表（Power）

权限信息表包括操作权限编号、权限名称等字段信息。其中，操作权限编号字段的类型为 Int，用于显示操作权限。权限名称字段的类型为 Varchar，用于显示权限的名称。

4.医疗机构信息表（Hospital）

医疗机构信息表包含机构编号、机构名称等字段信息。其中，机构编号字段的类型为 Int，用于显示机构编号，可以和 User 表取得联系，显示相关信息。机构名称字段的类型为 Varchar，用于显示机构的具体名称。

5.医院分科资料表（Department）

医院分科资料表包含科室编码、科室名称等字段。其中，科室编码字段的类型为 Varchar，是本表的主键，用于显示科室编码。分科名称字段的类型为 Varchar，用于显示科室名称。

6.职务信息表（Post）

职务信息表包含职务编码、职务名称。其中，职务编码为 Post 表的主键，用来唯一标示职务信息。职务名称字段的类型为 Varchar，用于显示职务名称。

7.职称信息表（Title）

职称信息表包含职称编码、职称名称等字段信息。其中，职称编号字段的类型为 Int，用来唯一标示 Title 表。职称职位字段的类型为 Varchar，用于显示职称的详细信息。

8.结论数据信息表（Result）

结论数据信息表包含数据编码、数据形式、数据名称、涉及领域、数据字数、科室分类、数据类型、所用语言、所需时间、录入人员姓名、备注、数据状态、数据结论报告等字段信息。其中，数据编码字段的类型是 Int，是本表的主键。数据名称的字段类型为 Varchar，用于显示数据的具体名称。科室分类字段的类型为 Varchar，用于显示具体的检查科室，具体可表示为内科、外科、耳鼻喉科等。所需时间字段的类型为 Int，用于显示录入人员录入数据所用的时间，具体时间以分钟为单位。数据状态字段的类型为 Int，用于显示数据所处的录入审核状态。

9.录入数据审核信息表（Result_evaluate）

录入数据审核信息表包含数据录入编号、数据编号、审核数据意见、终审意见、审核报告意见、审核负责人字段信息。其中数据录入编号字段的类型为 Int 型，是本表的主键。数据编号字段的类型为 Int，用于显示 Result 表的成果的编号为外键，可与结论数据信息表关联。审核数据意见字段的类型为 Varchar，用于显示审核人员的审核工作，储存相关修改意见及建议。审核报告意见字段的类型为 Varchar，用于显示审核人员对数据各层级进行的审核，填写审核意见。审核负责人字段的类型为 Int，用于显示数据的具体核查人员。

第二节　体检档案信息化整合系统的具体设计

一、体检流程

体检当天，体检者应到前台登记，领取 LIS 条码和体检指引单。如果是个人体检者，应在前台登记基本信息，到门诊缴费，缴费成功后，再在系统中录入个人详细信息，打印出 LIS 条码和体检指引单。体检者根据指引单的说明，前往各个科室检查，医师在查体完成后，将查体结果录入系统。在完成所有体检信息的录入工作，并经过主检医师对体检结果的全面审核后，将对体检者出具职业健康检查报告并进行职业健康监护评价。如果是团体查体，主检医师还需提供一份单位总结报告。如果体检者有复查项目，主检医师应给体检者发放复查单，通知体检者来复查，复查最多三次。打印室负责打印体检报告和单位总结报告，如果有异常，则需要打印体检结果，然后通知个人或单位来医院领取。

二、功能设计

（一）业务模块

业务模块包括预约、前台登记、个人信息管理、档案管理、取样、科室检查、主检审核、复查、查询和报告打印领取。

1.预约

单位预约需提交单位名称、负责人姓名和联系方式、接触的职业病危害因素、健康查体人数、体检套餐选择、检查时间和地点。默认检查地点为本院，如果有特殊情况，需要外出检查的，需要注明外出检查的具体地址。提交成功后，体检工作人员可以看到预约信息，然后联系单位负责人，签订委托协议书，为单位负责人设置一个账号，用于提交单位信息、体检人员信息，查询单位体检结果。单位的基本资料包括工作场所，接触的职业病危害因素，职业病危害因素监测的浓度或强度，产生职业病危害因素的生产技术、工艺或材料，职业病危害防护设施，应急救援设施及其他有关材料。个人体检者的基本信息资料包括姓名、性别、身份证号、接触的危害因素、单位、体检日期。体检者的信息可以从界面一个个录入，也可以下载 Excel 上传模板，批量导入系统。提交成功后，可以打印个人预约单，预约单的内容包括体检者的姓名，性别、身份证号、单位、体检日期等。

2.前台登记

如果是单位预约体检，体检者可以拿着单位发的预约单和身份证到前台登记，工作人员审核预约单的身份证号与体检者提供的身份证号是否一致，最后通过身份证阅读器提取信息，将体检者的个人信息补充至正式表格，并现场对每位体检者进行照片采集。

如果是个人体检，体检者应先录入基本信息，选择收费项目及其对应金额，职业健康查体信息系统会将信息自动导入 HIS，然后体检者再到门诊缴费。一旦缴费成功，HIS 会将缴费信息重新导入职业健康查体信息系统。最后使用身份证阅读器进行检索，若已存在该体检者的信息，则对其进行现场照片采集。

无论是单位预约体检还是个人体检，如果通过身份证号检索结果显示为空，则需新建人员信息，并同步采集照片信息。完成信息录入后，根据所选套餐中的体检项目，打印出相应的指引单。体检者持指引单前往各科室进行体检。

3.个人信息管理

身份证号是个人信息的唯一标识，在审核预约时提交的人员信息时，如果在系统中检索不到预约人员的身份证号，则需要新建人员信息。个人基本信息包括以下五类：

第一类是个人资料，包括姓名、性别、出生年月、出生地、身份证号码、婚姻状况、教育程度、家庭（通信）住址、联系电话等信息。

第二类是职业史，包括工作起止时间、工作单位、车间（部门）、班组、工种、接触的职业病危害因素（危害因素的名称，接触两种以上应具体逐一填写）、接触时间、防护措施等。

第三类是个人生活史，包括吸烟史、饮酒史、女性月经史与生育史等。

第四类是既往病史，包括既往预防接种及传染病史、药物及其他过敏史、过去的健康状况及患病史、手术及输血史、患职业病及外伤史等。

第五类是家族史，主要包括父母、兄弟、姐妹及子女的健康状况。

个人资料和既往病史是必须要填写的。单位可以提前领取信息单发给体检者提前填好，在体检当天交给体检科。

4.档案管理

档案管理系统可以根据体检者选择的体检套餐，为体检者建立健康档案，打印档案号条码。档案号是每条档案的唯一标识，档案号的编码规则为：年、月、日+日流水号。体检者在选择完体检套餐后，可以选择补加项目，档案管理系统可根据套餐项目和补加项目打印出所有LIS条码。

5.取样

（1）血液样本

体检者到抽血室抽血时，体检工作人员将LIS条码贴到对应血样上，并在系统中确定取样成功，系统会自动把体检者的信息和血样上传到LIS中。

（2）尿液样本

需要做尿常规检查的体检者，应到检验科领取尿瓶，将尿常规LIS条码粘贴在尿瓶上，将尿液样本放到规定处。尿常规LIS条码中会显示当日流水号，体检工作人员根据流水号提交样本信息到LIS，最后将样本统一送到化验室，化验完成后，再把数据上传到职业健康查体信息系统中。

6.科室检查

职业健康查体信息系统按功能科室划分，主要包括内科、外科、眼科、耳鼻喉科、口腔科、皮肤科、神经科、心电图室、B超室、X射线室、肺功能室等。检查医生通过扫描档案号条码，可以查看体检者要在本科室做的所有体检项目。

7.主检审核

如果体检者选择的体检套餐为组合套餐，表示体检者接触多种危害因素，每种接触危害因素都要有独立的审核报告。如果是组合套餐，系统则会显示当次体检所有套餐的列表，每种套餐对应一种危害因素，主检医师对其进行逐一审核。如果是单个套餐，主检医师直接进入审核页面，审核页面会分科室显示此套餐对应的所有体检结果、科室小结汇总、异常值汇总等。

主检审核的内容包括体检项目及结果、体检结果处理（复查、诊断、治疗等）和卫生保健措施（职业病教育、个人卫生及防护、定期体检、毒害作业工人医疗管理等）。个人体检报告必须详细展示每一项检查项目的结论，结论以下拉列表的形式呈现，包括目前未见异常、需复查、疑似职业病、职业禁忌证及其他疾病或异常，默认选项为"目前未见异常"。

8.复查

当主检医师在审核过程中发现异常，需安排体检者进行复查时，需下发复查单，选定复查项目及复查时间。复查单最多可下发三次，具体复查项目既可逐项选择，也可按科室打包选择，并通知体检者按时前来复查。

9.查询

体检者进入"档案查询"页面，可以按姓名、身份证号码、档案号查询个人信息和体检信息。单位负责人可以查看本单位的所有体检信息。

10.报告打印领取

体检报告完成后，就可以进行报告打印。个人体检者可以根据姓名、身份证号或体检档案号获取个人体检报告内容并进行打印，打印完成后，报告状态会变成"已打印"。单位负责人可以根据单位名称，获取本单位的所有体检报告，勾选需要打印的报告，实现批量打印。所有打印出来的体检报告，都要有主检医师的签名。个人或单位在领取报告单后，报告状态会显示"已领取"。

（二）统计模块

1.单位汇总统计

按单位预约提交的统计数据，汇总预约人数、受检人数、接触危害因素、疑似职业病和其他疾病的人数。

2.年度单位异常统计

按年度统计单位总体检人数、目前未见异常人数、需要复查人数、疑似职业病人数、职业禁忌证人数、其他疾病或异常人数进行汇总。

3.体检汇总统计

统计体检中心年度所有体检人数、患有职业禁忌证人数、疑似职业病人数以及所对应的人员列表，人员列表应包含人员姓名、身份证号、单位、档案号、体检套餐、接触危害因素、体检报告结论等。

4.科室工作量统计

科室工作量统计是按时间段统计内科、外科、神经系统科、眼科、口腔科、耳鼻喉科、皮肤科、胸部X射线、心电图、肺功能等科室的查体数量。

5.医生工作量统计

医生工作量统计即按时间段统计每个医生的查体数量。

6.日工作量统计

日工作量统计即统计体检中心每日的体检人数、体检套餐。

7.预约统计

按时间段统计预约的人数、预约套餐、预约危害因素、预约单位、预约时间。

8.化验异常统计

化验异常统计是指按时间统计 LIS 数据中的异常项目、异常值、异常标识、对应体检者。

9.化验室数据统计

化验室数据统计是按时间统计体检中心提交的化验项目，LIS 返回的化验项目，LIS 未返回的化验项目。

（三）系统维护模块

系统维护模块的内容包括科室维护、体检项目维护、项目单位及选项维护、项目价格维护、套餐维护、危害因素维护、危害因素问诊项目维护、危害因素对应病种维护、LIS 对应项目维护、结论模板维护、单位维护和工种维护。

1.数据字典维护

数据字典维护的内容包括科室维护、体检项目维护、项目单位及选项维护、项目价格的维护。

2.体检套餐维护

分套餐名称的命名规则为：年份+单位+接触危害因素（在岗状态），年份、单位为可选项，每个分套餐必须对应一种危害因素，危害因素从规定中选择，同时选择在岗状态。

选择的体检项目必须包括《职业健康监护技术规范》所规定的体检项目。组合套餐的名称是根据已存在的分套餐来建立的，命名规则为：年份+单位+接触危害因素 1+接触危害因素 2+……（在岗状态），例如，2025 年 XX 化工厂苯+噪声+粉尘（在岗）。

3.接触危害因素维护

对接触危害因素的相关维护包括危害因素维护、危害因素问诊项目维护、危害因素对应病种的维护、危害因素对应职业病维护、危害因素对应禁忌征维护。

4.LIS 对应项目维护

LIS 对应项目维护的内容涉及职业健康查体信息系统与医院 LIS 进行接口对接时，职业健康查体信息系统与 LIS 体检项目的对应关系。

5.结论模板维护

结论模板维护是指对主检医师审核时常用到的结论模板的维护，包括常见异常及建议，常见危害因素及处理意见。

6.其他维护

其他维护包括单位维护和工种维护等。单位维护可以是树形结构，允许有上层单位和下层单位，同时，一个单位最多有三层子节点。

（四）系统管理模块

系统管理模块包括工作组设置、用户权限设置、日志管理和数据库备份。

1.工作组设置

常见的工作组为：总管理员、各科室医生、护士长查询、前台登记、主检医师、单位负责人等，每个工作组分配其相应的功能。

2.用户权限设置

用户权限设置即为每个用户分配一个或多个工作组，根据用户名和密码进入系统，显示对应工作组的功能菜单。

3.日志管理

日志管理指对体检数据表的增、删、改、查等维护。

4.数据库备份

数据库备份即设定定时定期任务，对数据库进行备份，数据库备份调用的是 Oracle 的存储过程。

三、接口设计

（一）LIS 接口设计

职业健康查体信息系统与 LIS 的集成内容主要包括发送检验项目信息和个人信息、获取化验报告信息、提供状态修改通知和查询能否修改状态等。LIS 接口设计主要包括以下几项内容：

1.发送检验项目信息和个人信息

当体检者完成抽血取样和尿液取样后，由职业健康查体信息系统统一将体检者的个人信息和检验项目信息提交到 LIS 中。

2.获取化验报告

职业健康查体信息系统通过此接口，可以获取 LIS 的化验结果，并将化验结果记录于职业健康查体信息系统中。

3.状态修改通知

当 LIS 中的化验单据状态发生变化时，可以调用此接口。

4.查询能否修改状态

当 LIS 中的化验状态需要改变时，会调用此接口。如果在职业健康查体信息系统中此体检者的报告已经打印或者已发放，则不允许 LIS 进行状态修改。

（二）HIS 接口设计

职业健康查体信息系统与 HIS 的系统集成内容主要包括获取人员信息、获取挂号信息、发送人员信息、发送费用信息，获取缴费信息、查询能否退费等信息。

1.获取人员信息

由职业健康查体信息系统根据体检卡号，从 HIS 中获取当前体检人员的信息，并传入体检系统。

2.获取挂号信息

由体检系统根据体检卡号，从 HIS 中获取当前体检人员的挂号信息。

3.发送人员信息

职业健康查体信息系统在登记人员信息后，把人员信息传送给 HIS，以便 HIS 能根据体检卡号获得体检人员的信息。

4.发送费用信息

在体检者选择体检套餐后，职业健康查体信息系统将此体检者的明细收费项目以及汇总后费用信息传送给 HIS。

5.获取缴费信息

职业健康查体信息系统可以从 HIS 挂号收费系统中体检者的缴费状态，如果体检者已缴费，则允许体检者进行体检，否则将不允许体检者进行体检。

6.查询能否退费

HIS 收费系统在进行退费业务时，会查询职业健康查体信息系统，核实该体检者是否已进行体检项目且是否已提交退费申请，若满足退费条件，体检系统则将向 HIS 收费系统发送可退费的标识。

四、数据库设计

（一）数据库设计原则

1.原始单据与实体之间的关系

原始单据与实体之间的关系可以是一对一、一对多、多对一的关系。在一般情况下，它们是一对一的关系，即一张原始单据对应且只对应一个实体。在特殊情况下，它们可能是一对多或多对一的关系，即一张原始单据对应多个实体，或多张原始单据对应一个实体。

2.主键与外键

一般而言，一个实体不能既无主键又无外键。

在全局数据库的设计中，主键与外键的设计占有重要地位。一位美国数据库设计专家曾指出，当全局数据库设计完成以后，除了键之外，什么也没有。主键是对实体的高度抽象，主键与外键的配对，表示实体之间的连接。

3.基本表的性质

基本表与中间表、临时表不同，它有以下四个特性：

（1）原子性

基本表中的字段是不可再分解的。

（2）原始性

基本表中的记录是原始数据（基础数据）的记录。

（3）演绎性

基本表与代码表中的数据，可以派生出所有的输出数据。

（4）稳定性

基本表的结构是相对稳定的，表中的记录是要长期保存的。理解基本表的性质后，在设计数据库时，就能将基本表与中间表、临时表区分开来。

4.通俗地理解三个范式

通俗地理解三个范式，对于数据库设计大有好处。在数据库设计中，为了更好地应用三个范式，就必须通俗地理解三个范式。第一范式是对属性的原子性约束，要求属性具有原子性，不可再分解；第二范式是对记录的唯一性约束，要求记录有唯一标识，即实体的唯一性；第三范式是对字段冗余性的约束，即任何字段不能由其他字段派生出来，它要求字段没有冗余。

5.范式标准

没有冗余的数据库未必是最好的数据库，有时为了提高运行效率，就必须降低范式标准，适当保留冗余数据。具体的做法是：在概念数据模型设计时遵循第三范式，在设计物理数据模型时应考虑降低范式标准。降低范式意味着增加字段，允许冗余。

6.要善于识别与正确处理多对多的关系

若两个实体之间存在多对多的关系，则应消除这种关系。消除的具体办法是：在两者之间增加第三个实体。这样，原来一个多对多的关系，现在变为两个一对多的关系。要将原来两个实体的属性合理地分配到三个实体中。这里的第三个实体，实质上是一个较复杂的关系，它对应一张基本表。一般来讲，数据库设计工具不能识别多对多的关系，但能处理多对多的关系。

7.主键的取值方法

主键是供程序员使用的表间连接工具，可以是无物理意义的数字串，通过程序自动加1来实现，也可以是有物理意义的字段名或字段名的组合。当主键是字段名的组合时，建议字段的个数不要过多，字数过多不但会导致索引占用空间大，而且运行速度也会变慢。

8.正确认识数据冗余

主键与外键在多表中的重复出现，不属于数据冗余，非键字段的重复出现，才是数据冗余。非键字段的重复出现是一种低级冗余，即重复性的冗余。高级冗余不是字段的重复出现，而是字段的派生出现。

9.E-R 图没有标准答案

信息系统的 E-R 图没有标准答案，因为它的设计与画法不是唯一的，只要它覆盖了系统需求的业务和功能内容，就是可行的，反之则需要修改 E-R 图。好的 E-R 图的设计标准是：结构清晰、关联简洁、实体个数适中、属性分配合理、没有低级冗余。

10.视图技术在数据库设计中的作用

与基本表、代码表、中间表不同，视图是一种虚表，它依赖数据源的实表而存在。视图是供程序员使用数据库的一个窗口，是数据处理的一种方法，是用户数据保密的一种手段。为了进行复杂处理、提高运算速度和节省存储空间，视图的定义深度一般不得超过三层。若三层视图仍不够用，则应在视图上定义临时表，在临时表上再定义视图。

11.中间表和临时表

中间表是存放统计数据的表，它是为数据仓库、输出报表或查询结果而设计的，有时它没有主键与外键（数据库除外）。临时表是程序员个人设计的，用于存放临时记录，为个人所用。中间表由数据库管理员维护，临时表由程序员自己用程序自动维护。

12.完整性约束

域的完整性用 Check 来实现约束，在数据库设计工具中，对字段的取值范围进行定义时，有一个 Check 按钮，通过它定义字段的值域。参照完整性通过主键、外键、表级触发器来实现。用户定义完整性通过存储过程和触发器来实现。

13.防止数据库设计打补丁的方法是"三少原则"

一个数据库中表的个数越少越好。只有表的个数少了，才能说明系统的 E-R 图少而精，进行了系统的数据集成，防止了打补丁式的设计。

一个表中组合主键的字段个数越少越好。因为主键的作用一是建主键索引，二是作为子表的外键，所以组合主键的字段个数少，可以节省运行时间和索引存储空间。

一个表中的字段个数越少越好。只有字段的个数少了，才能说明在系统中不存在数据重复，且很少存在数据冗余，更重要的是督促读者学会"列变行"，这样能防止将子表中的字段拉入主表中去，在主表中留下许多空余的字段。所谓"列变行"就是将主表中的一部分内容拉出去，另外单独建一个子表。这个方法很简单，有的人就是不习惯、不采纳、不执行。

数据库设计的实用原则是在数据冗余和处理速度之间找到平衡点。"三少"是一个整体概念，应综合分析，不能孤立某一个原则。

（二）数据库设计步骤

1.需求分析

需求分析的目的是明确用户对系统的数据需求和处理需求。这一阶段的任务包括详细调查现实世界中要处理的对象，明确用户的各种需求，并确定新系统的功能。需求分析的充分性和准确性直接影响到后续设计的速度和质量。

2.概念结构设计

在概念结构设计阶段，通过对用户需求进行综合、归纳与抽象，形成一个独立于具体 DBMS 的概念模型。通常使用 E-R 图来表示数据与数据之间的联系。

3.逻辑结构设计

将概念结构转换为某个 DBMS 所支持的数据模型，并进行优化。这一阶段的关键是将抽象的概念模型转换为具体的逻辑模型，通常涉及模式初始设计、子模式设计、应用程序设计和模型评价。

4.物理结构设计

为逻辑数据模型选取一个最适合应用环境的物理结构，包括存储结构和存取方法。物理设计需要根据 DBMS 的特征和应用的需求来选择合适的存储结构和存取方法。

5.数据库实施

根据逻辑结构设计和物理结构设计的结果建立数据库,编制和调试应用程序,组织数据入库,并进行试运行。

6.数据库运行和维护

数据库应用系统经过试运行后即可投入正式运行。在运行过程中必须不断地对系统进行评价、调整和修改。

五、体检档案信息系统的建立

(一)构建体检档案信息网络平台

健康体检是一个持续的、长期的针对个人健康的管理,医院应改进其检后服务,加强健康状况动态跟踪。健康服务平台是以健康为中心,以体检档案为基础,为体检者提供连续、综合、有效的健康服务。建立体检档案网上查询系统,使体检者能够及时、便捷、准确地获取个人当年和近几年的体检报告。

(二)在规范化管理上下功夫

健康服务产业发展模式呈现出多样化的趋势,各个医院在沿袭国际健康服务先进理念的同时兼顾了本单位的具体情况,建立了专业的体检档案管理系统,其核心功能包括体检档案的录入、体检报告的输出、体检档案的统计查询和对比分析及体检综述和建议的自动生成。该系统的使用可以规范体检档案管理,大大提高体检档案管理人员的工作效率,使体检档案的管理更加准确、全面、完美,能够显著提高体检业务的竞争力。

为促进体检服务信息化进程,更有效地为体检者提供便捷、迅速且具有针对性的基础医疗服务,医院必须确保个人资料及原始体检报告的记录完整无缺,并且信息录入准确无误。精确的体检记录是构建和发展稳定体检者群体的关键信息资源。为了获取精确、全面的信息,体检工作人员必须仔细核对每位体检者所填写的登记信息,确保体检者信息的准确录入。

查询、统计、分析体检报告是建立在体检档案规范管理的基础之上的,系统能够生成针对个人、单位、体检中心的各类统计分析报告。通过建立完善的体检档案,能够全面掌握体检者的健康状况，为医生的诊断提供有力支持。同时，通过流行病学调查，可以识别出影响体检者健康的潜在因素，进而有针对性地为体检者提供预防、治疗、保健及康复服务。

（三）采用现代化管理手段实现档案计算机管理

借助计算机管理系统，工作人员的日常事务处理将变得更加便捷、高效且规范，从而显著提升工作效率，也可以使工作人员从繁重的手工劳动中解放出来，实现对所需数据的快速和精确检索，从而为体检者带来更优质的服务体验。

体检者应把体检报告保管好，完整的体检报告可以反映体检者健康状况的细微变化，要想建立一个完整的健康档案，体检报告无疑是最好的参考资料。

在体检流程中，工作人员应确保体检者信息的完整性。只有将个人信息填写完整，体检者才可以进行检查。检查报告要准确无误，档案管理人员要对检查报告认真核查、严格核对，对于记录不完整的检查报告，应跟踪反馈信息；对于没有按工作流程归档的资料，要做好记录，直到其完整归档。

（四）在系统化管理上下功夫

系统化管理有效地保留了体检者的完整档案，便于开展健康教育、咨询、健康体检再次动员等活动，系统化管理通过现代化技术的筛选，对各项疾病的统计也具有重要意义。无论是个人体检报告还是单位体检报告，都应集中管理，从而安全、系统地为体检者提供持续的个性化医疗服务。

体检信息管理系统实现了体检业务管理的自动化、信息化、规范化，解决了以手工方式进行预约、登记的困难和弊端，为体检者和体检单位建立完整的体检管理系统，可以对体检者的健康情况进行全面记录和管理，从而实现体检业务过程的全面计算机化。建立健康档案、管理好健康档案是人人享有卫生保健的重要保障之一。

（五）以网络化管理为目标，让信息连接成为现实

体检档案的规范化和系统化管理，为体检信息的再利用奠定了良好的基础。实现网络化管理将成为体检档案管理模式的发展方向。

在具备相应条件的情况下，医院可以建立体检信息服务网站，丰富其内容、扩大其服务范围，充分发挥体检信息的潜在功能，从而实现更广泛的社会效益。在技术成熟且

条件允许的情况下，在尊重体检者隐私的前提下，医院可以采取合作的方式，拓展体检信息服务的领域。

只有医院领导层对档案管理工作的认识达到一定深度，从思想上给予高度重视，并提供充分的支持，配备必要的设备，严格把关各项病案的书写质量，体检档案信息系统才能得以全面建立，并发挥其应有的作用。

第六章　现代医院档案共享服务信息化建设

第一节　医疗档案的信息特点与共享服务策略

一、医疗档案信息的基本特点

（一）医疗档案信息的真实性

众所周知，患者个人的医疗档案信息不仅是司法鉴定的重要凭证，而且是医保调查取证的基础性材料，所以真实性是医疗档案信息最重要的特点。

医疗档案在形成的过程中，如果存在任何与事实不符的信息，也就失去了其应有的法律效力。医疗档案信息是指医务人员签字确认的关于患者各方面的检查、化验、影像信息以及临床诊疗方案。

初诊时，根据患者近期或长期的身体各方面的状态，医务人员采取通常所说的"望、闻、问、切"的方法进行记录，该记录如实地反映了医务人员为病人诊治的全过程，保证了日后对医疗档案信息的借鉴与利用。

（二）医疗档案信息的准确性

医疗档案信息在形成的过程中，不仅要具有真实性，而且要具有准确性。如果说，医疗档案信息的真实性是第一性的话，那其信息的准确性就是第二性。要保证医疗档案信息内容的准确性，患者在就医的过程中似乎都有这样的经历，无法辨识医务人员书写的诊断结果，即使是其他的医务人员也很难辨识，这就容易引起不必要的问题，甚至会引起医疗纠纷。因此，医务人员在书写诊断结果时，一定要注意内容的准确性，字迹工整，文笔通顺，不得涂改。医务人员在书写患者医疗档案时，要根据患者各方面的化验结果、影像报告、物理诊断等多方面信息确定医嘱，以保证医疗档案信息的准确性。

（三）医疗档案信息的集成性

医疗档案的信息具有集成性，集成性强调患者医疗档案的形成是需要一段时间的，甚至需要一生的时间。患者到医疗机构就医，通过挂号在医疗机构信息系统中自动生成专属患者自己的账号，初步形成医疗档案，接下来的一切检查报告、化验报告、医务人员的诊治过程都连续地记录到患者的医疗档案中，直到患者出院整个过程才会中止。患者出院后定期复查，或者再次住院的信息都要记录在患者的医疗档案中。这就是医疗档案信息的集成性特点，该特点决定了医疗档案在归档过程中，工作人员应不遗漏、不归错，保证医疗档案信息的完整性。

（四）医疗档案信息的完整性

医疗档案信息的集成性要求医疗档案信息应具有完整性。恰恰因为一个完整的医疗档案的形成在时间上是无法确定的，医疗机构才要确定医疗档案信息是否完整连续，是否有遗漏，是否记录了患者在就医期间所有的报告、诊断、治疗方案，甚至家族病史、基础疾病史等。

（五）医疗档案的对象专属性

医疗档案是一种以一个医疗机构为单位集中保存的档案信息，医疗档案的对象专属性在其形成和利用过程中都有不同程度的体现。每份独立的医疗档案只有唯一的主体，绝不能含有其他任何患者的信息，同一患者不同时期的医疗档案信息应当集中保管。医疗档案的对象专属性有利于查找患者专属信息、医保调查取证和伤残鉴定。

此外，医疗档案信息还具有依附载体形式的多样性与来源的广域性的特点。第一，医疗档案信息依附载体的形式具有多样性。患者的医疗档案包括多个方面的信息，如化验报告——肝功能、血细胞分析、甲状腺功能、肾功能等，影像报告——X射线、磁共振、CT、心电报告等，除此之外还有临床诊断。第二，医疗档案信息的来源具有广域性。目前，各大医疗机构患者的来源渠道主要分为两种，第一种是患者自主到医疗机构就医，第二种是从其他医疗机构转诊，患者医疗档案信息的完整性更应引起医疗机构的注意。

二、医疗档案信息共享服务策略

（一）医疗档案信息共享服务策略的可行性

医疗档案信息在医疗、教学、科研等方面具有重要的价值与意义，医疗档案信息不仅是记载患者病情的医疗文书，而且是医疗教学的基本资料和医疗机构管理与决策的重要依据。同时，医疗档案信息还是医务人员科学研究的基础性材料。因此，医疗档案信息已经受到各大医疗机构和高等医学院校的重视。医疗档案信息共享服务策略在国家政策的支持、现代信息技术的支撑以及经济发展的推动下具有一定的可行性。

1.社会对医疗档案信息共享的需求

随着医学事业的发展，医疗机构间的学术交流在现代社会中日益频繁，如果医疗机构间能够共享医疗档案信息资源，那么医务人员的诊疗技术将得到显著提升，进而提高医院整体的诊疗水平。

同时，人们的健康理念也发生了转变，患者的自我保护意识不断增强，患者有权了解自己的健康状态，有权详细了解相关的医疗档案内容。人们希望通过医疗档案信息的透明化，来维护自身的合法权益。

2.国家政策的支持

随着社会的发展，人们的生活节奏越来越快，工作压力越来越大，饮食与作息越来越不规律，人们患病的概率越来越高，高血压、糖尿病、心脑血管病已经成为普遍性疾病。目前，国家对医疗卫生事业高度重视，提出建设现代医疗机构信息化体制，党和国家全面支持医疗机构数字化建设。

作为社会主义文化建设和精神文明建设重要内容的档案管理工作必须顺应现代科学发展日新月异的潮流，采用先进的技术，积极、稳定地开展档案现代化管理工作，实现档案现代化管理建设，为更好地弘扬社会主义先进文化和全面提高档案管理服务能力做出应有的贡献。这些政策为医疗档案信息资源的网络化共享提供了强有力的支持。

3.现代信息技术的支撑

计算机技术和网络技术的迅速发展，引起了信息产业的变革。计算机技术改变了信息处理、信息存储的方式，网络实现了信息的快速传递。当今社会，一个国家的信息技术水平已成为衡量其综合国力和现代化程度的主要标志。医疗卫生事业的快速发展要求医疗机构必须采用现代化、科技化、网络化的手段来管理医疗档案信息。实现医疗档案信息的网络化共享与计算机技术和网络技术的发展密不可分。

4.经济发展的推动

经济基础决定上层建筑。当今社会任何方面的发展进步与经济基础都是分不开的。目前，党和国家越来越关注人们的身心健康。当前，我国医疗卫生体系最严重的问题就是，医疗机构之间信息闭塞，无法实现医疗档案信息的互通和共享，"信息烟囱""信息孤岛"现象极其严重，这些问题已经严重制约了我国医疗卫生事业的健康发展，为改善当前医疗档案信息共享的现状，国家及各级医疗机构投入了大量的人力、物力和财力资源，致力于构建数字化程序，旨在加速推进城乡医疗档案信息共享以及远程会诊系统的建设，以促进医疗卫生体系的完善。

（二）医疗档案信息共享服务策略的必要性

1.提高国民身体素质的需要

改革开放以后，人民的生活水平日益提高，社会节奏不断加快，人们的亚健康情况日益严重，使得人们越来越关注自己的身体健康状况。实施医疗档案信息共享策略，无论患者到任何医疗机构就诊，医务人员都可以通过医疗档案信息共享平台及时掌握患者的医疗档案信息，以便更好地进行诊治，有利于提高患者的健康水平，提高国民的整体身体素质。

2.实现优质医疗资源共享

现今社会医疗资源分布不合理，优质医疗资源集中在大城市中的大型医疗机构，地方医疗机构的卫生资源、诊疗和服务能力严重欠缺。建立医疗档案信息共享服务平台，可以实现优质医疗信息资源共享。医务人员可以根据信息平台的信息，借鉴科学、先进的诊疗方案，提高疾病的治愈率，减少术后并发症。

3.对症施治，化解疑难杂症

受国民饮食结构失衡及作息不规律的双重影响，各类疾病的患病率显著提升，疑难杂症亦明显增多。然而，各医疗机构的疾病诊治能力有限，面对疑难杂症往往缺乏经验，进而影响疾病的治愈率。医务人员可以利用信息共享平台查阅先进的医学资料，借鉴相关治疗方案，与国内外有经验的医务人员进行技术交流，总结医务工作经验，提升自身的医疗技术水平。

（三）医疗档案信息共享服务策略的作用

1.有利于发挥医疗档案的凭证作用

档案的凭证价值是档案不同于其他各种资料的最基本的特点。档案是确凿的原始材料和历史记录，它可以作为研究和处理问题的凭证，也可以作为认定法律权利、义务与责任的依据。

由此可知，医疗档案对于医疗、教学、科研各个方面具有凭证价值。医务人员应依据患者既往的医疗档案信息，包括过敏史、外伤史、手术史等既往病史，以及高血压、糖尿病、心脑血管病等基础疾病史，同时参考遗传病史、传染病史和家族史，制定相应的治疗方案。在医学教学方面，医务工作人员可以根据以往的医疗档案信息总结疾病规律，并将其应用于临床治疗。相关科研人员可以根据大量共享的医疗档案信息与实验结果，总结病情，提炼规律，并将其应用于临床治疗与教学活动中。

2.有利于促进医疗技术交流

从社会整体角度来看，档案不仅是人类社会实践活动的记录者、承载者，而且积淀、凝聚着丰富的文化内涵，档案作为凭证，是人类社会发展所必需的精神文化财富，也是人类文明进步的阶梯。大量医疗档案信息存储于信息共享平台，由专业的档案工作人员定期地进行处理与维护，有利于医疗事业的文化积累。传统的纸质病案因为数量众多，医疗机构的病案储藏空间有限，大量医疗档案无法被安置在指定位置，不利于相关人员的查找。目前，众多医疗机构已经实施单位内信息共享，然而各个医疗机构诊治的患者数量是有限的，医疗档案信息也是有限的，建立医疗档案信息共享平台，可以把尽可能多的信息由专业医务人员。专业医务人员可以从医学角度编辑、整理、分类这些信息，使其成为医疗事业的文化积累。实现医疗机构医疗档案信息共享，还可以实现各级医疗机构医务工作人员互通有无，加强医务工作人员之间的交流，提高医疗水平，扩大各级医疗机构的诊疗范围，节省医务人员的流动时间，提高诊疗效率，从而真正实现医疗服务均等化。实现医疗机构医疗档案信息共享还有利于医务工作人员博采众长，促进中西医的发展与交流。实行医院档案信息共享，可以使医务人员及时地利用数据平台、数字化图书室，与国内外优秀的医务工作者进行技术交流，查阅先进医学资料，总结医务工作经验，交流工作心得，促进医务工作人员医疗技术的提高。

3.有利于实现优质医疗资源共享

我国的优质医疗资源集中在大城市中的大型医疗机构，地方医疗卫生资源、诊疗和服务能力严重欠缺，不同地域、不同医疗机构之间条块分割的现象较为严重，信息沟通渠道不畅，缺乏有效的组织协调机制，甚至处于无序竞争状态。各区域间、医疗机构间的医疗服务能力差距悬殊。建立医疗档案信息共享服务，可以实现优质医疗资源的共享。医务工作人员可以通过信息平台获取科学、先进的诊疗方案，从而提高疾病的治愈率，减少术后并发症。

4.有利于准确判定医疗责任，解决医患纠纷

档案所特有的原始记录属性，使其成为令人信服的真凭实据。医疗档案信息源于医务人员的工作实践，具有真实可靠的特点。医疗档案详细记录了医务人员在治疗过程中采用的治疗方案及患者的病情变化，明确记载了医患双方应承担的法律、经济等权利与义务。一旦出现疑问、争执或纠纷，医疗档案信息均可发挥证据作用，有效平息矛盾和冲突，解决相关利益归属问题，确保国家整体利益及医患双方的正当、合法权益不受侵犯。

第二节　医疗档案信息共享服务策略的基础与保障

一、医疗档案信息共享服务策略的基础

实施医疗档案信息共享服务策略是提升医疗服务质量、优化资源配置、促进科研创新的关键。为实现这一目标，医院需要依托一系列先进的信息系统作为支撑，这些系统共同构成了医疗档案信息共享服务的基础架构。以下是对这些系统基础的详细阐述：

（一）医院信息系统（HIS）

医院信息系统（HIS）是医院信息化的核心，其功能覆盖了医院运营与管理的各个层面，涉及门诊服务、住院管理、药品调配、财务核算等多个关键环节。HIS 通过集成挂号、入院缴费、出院结算等多个模块，实现了医院业务流程的数字化和自动化。HIS

不仅提高了医院的工作效率，还为医疗档案信息共享提供了丰富的数据来源。HIS 的应用，使得医院能够实时、准确地记录患者的就诊信息、医嘱信息、费用信息等，为后续的医疗档案管理和信息共享奠定了坚实的基础。

HIS 系统通过集成挂号、收费、医生工作站、护士工作站、入院缴费、出院结算、药局及输液室管理等多个模块，实现了医院业务流程的全面数字化与自动化。

（二）图像存储与传输系统（PACS）

随着医学影像技术的飞速发展，MRI、CT、X 射线等数字化辅助检查设备在医疗诊断中发挥着越来越重要的作用。这些设备产生的检查结果往往包含大量的数字化影像信息，如何高效地采集、存储、输出这些信息成为医院面临的一大挑战。PACS 通过对医学影像信息的数字化处理，实现了影像资料的快速传输和共享。PACS 的应用，不仅提高了医生的工作效率，还为远程会诊、教学科研等活动提供了便利。同时，PACS 还与 HIS 紧密集成，实现了影像资料与临床信息的无缝对接，为医疗档案信息共享提供了更加全面的数据支持。

（三）检验信息系统（LIS）

检验信息系统（LIS）是医院实验室信息化的重要组成部分。它通过对临床采集的各种样本进行检验分析，实现了检验流程的自动化和标准化。LIS 能够实时监控样本的处理进度，自动记录检验结果，并且可以与 HIS 实现数据交换。LIS 不仅提高了检验工作的准确性和效率，还为医生提供了及时、准确的检验报告。LIS 的应用，使得医院能够更加方便地管理和利用检验数据，为医疗档案信息共享提供了有力的支持。

（四）电子病案系统（EMR）

电子病案系统（EMR）是医院信息化的重要里程碑。它通过将传统的纸质病案数字化，实现了病案信息的电子化存储和共享。医生可以通过 EMR 查询患者的病情变化、诊疗过程、医嘱信息等，并随时进行信息记录和统计。EMR 的应用，不仅提高了病案管理的效率，还为医生提供了更加便捷的信息获取途径。同时，EMR 还具备强大的数据分析功能，能够为医生提供基于大数据的诊疗建议，为医疗档案信息共享和科研创新提供了有力的支持。

（五）临床数据分析系统

临床数据分析系统通过对临床数据进行采集、存储、分析、统计、整合和管理，为医护人员提供了强大的数据支持。该系统不仅包含了大量的专业临床数据，而且积累了大量一线临床医学专家的实践经验。通过标准医学数据和临床专家的实践经验，该系统能够在医疗过程中为医护人员提供准确的关联信息提示，为患者提供及时、合理的治疗建议。同时，临床数据分析系统还能够满足临床数据统计分析的需求，为临床实践和科学研究提供高效平台。这对于提升医院的整体医疗服务水平、促进科研创新具有重要的意义。

（六）临床医疗与科研信息共享系统

临床医疗与科研信息共享系统是医疗档案信息共享服务的高级形态。它通过将临床数据与科研数据相结合，实现了医疗工作与科研工作的无缝对接。该系统能够确保医疗工作以及科研工作的高效进行，保证研究信息采集的及时性和完整性以及数据信息处理的速度、深度和广度。通过临床医疗与科研信息共享系统，医护人员可以更方便地获取最新的科研成果和临床指南，为患者提供更加科学、合理的治疗方案。同时，科研人员也可以利用丰富的临床数据开展医学研究，推动医学的进步和发展。

二、医疗档案信息共享服务策略的现实基础

（一）医疗信息共享机制的完善

为解决社会医疗资源配置不合理，优质医疗资源多向大城市的大医院集中，基层卫生资源、医疗和服务能力严重不足等问题，各地区医疗机构之间需要不断加强联系。以黑龙江为例，哈尔滨医科大学附属第一医院与黑龙江中医药大学附属第二医院已经构建了医疗信息共享机制。由于哈尔滨医科大学附属第一医院的患者较多，医疗设备紧缺，一些患者通过信息平台转诊到黑龙江中医药大学附属第二医院做影像检查，解决了检查等候时间过长的问题，提高了就诊效率。优秀的医疗技术人员集中分布在大城市的大医院，导致其他医疗机构很难实施难度较高、过程复杂的高级手术，遇到此类情况，一般可以邀请经验丰富的医生来做手术。对于偏远地区医疗机构而言，当面临复杂病例时，

可利用远程会诊，与资深医疗专家建立沟通，共同制定治疗方案。

（二）远程会诊模式的推广

随着经济的快速发展和科技的迅速进步，远程会诊得到了广泛的推广与应用。远程会诊就是利用电子邮件、网站、电话、传真等现代化通信工具，为患者完成病案分析、病情诊断，进一步确定治疗方案的治疗方式，它是一种方便、可靠的新型就诊方式，医疗与互联网技术的深度融合，显著促进了传统治疗模式的革新，为医疗服务的区域扩展和国际化奠定了坚实的基础。同时，该融合为医疗市场的规范化、医疗质量评价标准的建立、医疗服务体系的完善以及医疗服务经验的交流，提供了新的准则和工具。

（三）公众健康意识的提高

随着公众健康意识的提高，通过医疗档案信息共享平台，人们可以比较系统地掌握自己的健康状况，患者到任何一家医疗机构就诊，医务人员都可以通过医疗档案信息共享平台，及时掌握患者的既往病史、基础疾病史及家族遗传史，从而更好地进行诊治，提高患者的身体素质。

（四）医务人员素质的提高

1.医务人员个人职业道德素养的提升

病案室作为医疗机构的关键部门，其运作环境往往呈现出高度的封闭性和隔离性，导致医疗档案管理人员的辛勤工作往往未能得到应有的关注和认可。针对此现象，应加强医务人员的职业理想教育，以促进其形成坚定的职业信念和高尚的职业道德。医务人员要以强烈的事业心、高度的责任感、认真负责的工作态度和一心一意的服务思想开展医疗档案信息共享管理工作。医务人员要有爱岗敬业的精神，坚守岗位，认真负责，任劳任怨，全心全意地为医疗机构和患者服务。

2.医务人员思想政治素质的提高

医疗档案管理涉及重要的政治责任，因此，医疗档案管理人员一定要有较高的政治素质和强烈的责任感。医疗档案管理人员的首要职责就是要做好医疗档案的保密工作，一旦造成医疗档案的丢失、泄露，将会给社会、医疗机构以及患者带来无法估量的损失和影响。

3.医务人员专业技能的提高

医疗档案工作具有极强的专业性，医疗档案管理人员必须不断学习，不断进步，掌握医疗档案信息管理的新方向。在社会主义市场经济条件下，医疗档案信息管理工作面临许多新情况、新问题，医疗档案管理人员必须更新和掌握新知识。实现医疗档案信息化管理是时代发展的必然趋势，对于医疗机构的日常管理中具有重要的作用。长期以来，我国医疗机构一直在积极推进医疗档案信息化管理，并初步取得了一些成效，但是医疗档案信息化管理的道路依然任重而道远。

三、医疗档案信息共享服务策略的保障要素

（一）体制的逐渐创新

在医疗档案信息共享过程中，体制创新主要体现在机构设置与权限划分的优化上。传统上，各地区医院的医疗档案管理缺乏统一的规范模式，机构设置混乱，权限划分不明确。现今，各医院已经建立了完善的机构架构，设立了医疗档案信息存储部门、医疗档案信息安全维护部门以及将临床与科研工作相结合的部门，各部门权限划分明确，互不干扰，提高了医疗档案信息共享服务的效率和安全性。

（二）制度的日趋完善

随着医疗档案信息共享制度的不断完善，各个医院明确了医疗档案信息共享服务的范围，建立了严格的医疗档案信息共享服务制度，以确保医疗档案信息的完整性和信息录入的时效性；建立了医疗档案信息共享服务备份系统，以保障医疗档案信息的安全性，确保在医疗档案信息共享服务过程中的个人隐私安全。

（三）经济投入增加

为了促进医疗卫生体系的健康发展，实现优质医疗资源共享，各大医疗机构不断加大经济投入，聘请专业技术人员专门负责软件的开发，研发医疗档案信息共享系统，从而建立数字化医疗机构。

第三节　医疗档案信息共享服务信息化建设的实践

一、医疗档案信息共享服务平台

（一）医疗档案信息共享服务平台的建立

实现医疗档案信息共享的关键是建立医疗档案信息共享服务平台，以及维护医疗档案信息共享服务平台的信息安全。在该服务策略构建的过程中，最重要的就是建立信息中转平台，防止大量医疗档案信息直接读取产生的信息拥堵等问题。

1.医疗机构内部

要想实现医疗档案信息共享，必须完成医疗机构内部医疗档案信息的充分共享。

（1）科室层次

医疗行为的展开是通过各临床科室的具体工作实现的，医院应根据各临床科室的工作特点配备专属的医疗信息记录系统，以实现医疗数据采集、数据归档、辅助诊断和工作流管理，这些系统包括病案管理系统、检验信息系统、检查信息系统、生命体征信息系统、病理信息系统、麻醉监护信息系统、重症监护信息系统、急诊急救信息系统、病房管理信息系统等。

（2）科际层次

在医院信息系统中，各临床科室专用的医疗信息系统通过电子病案系统实现对医疗信息的有机配置。医院需对全院所有医疗数据进行统一的拆分与整合，并将整合后的信息分配至全院各职能科室的工作账户终端，以实现病案的数字化采集、查询和管理。

多种智能化的配套专业软件能够全面对比医嘱与处方录入和医疗规范及常规经验的差异，显著降低误诊和不当处理事件的发生概率，为医疗机构间医疗档案信息共享以及区域医疗信息共享网络的构建提供了坚实基础。各类专业医疗信息系统的构建是医疗档案信息共享服务信息化建设具体实施策略的基础，是大数据时代数字化医疗体系成功运行的关键。在医疗机构内部，医务人员可实时输入患者专属账号，查阅患者全部医疗档案信息，从而简化以往烦琐的流程，节约了宝贵时间，提升了工作效率。

2.不同医疗机构之间

当前，鉴于技术发展水平、资金投入的限制以及法律约束力的不足，医疗机构间医疗档案信息的共享仍处于初级阶段。在先前专家的研究成果基础上，初步构建了一种共享模式，该模式包含以下三个层级：

（1）同城不同医疗机构医疗档案信息的共享

由于地域的原因，患者通常倾向于在其居住地的城市接受医疗服务。依据患者病情的不同，医疗机构擅长领域的不同，患者在几年内的时间里，很可能去不同的医疗机构就医过，就医期间所形成的医疗档案信息也相应地处于分散保管的状态。医务人员无法掌握患者的既往病史，从而增加了治疗的难度。因此，构建同一城市的医疗档案信息共享机制会解决这一问题。

（2）省内城市间医疗档案信息的共享

从目前来看，我国的医疗体系仍存在诸多问题，主要表现为医疗资源分布不合理，优质医疗资源集中在大城市中的大型医疗机构。由于当地医疗水平的限制，一些患者不得不到省内大型医疗机构就诊，因此如何获得患者真实、准确、完整的病史信息，已成为亟须解决的关键问题。省级医疗信息共享平台的建立过程较为复杂，需要患者和相关医务人员的紧密配合。实现省内城市间医疗档案信息的共享需要以下步骤：

第一，患者向当地市级医疗档案信息共享服务平台提出申请（电子邮件、电话、网络平台留言均可）。

第二，当地市级医疗机构工作人员将该患者的病史信息传递到省级医疗档案信息共享服务平台。

第三，患者到医疗机构就诊。

第四，相关医务人员在省级医疗档案信息共享服务平台输入患者医疗档案信息账号，查询相关病史信息。

第五，医疗档案信息平台将新形成的医疗信息储存并传送至省级信息平台，省级信息平台备份后，传送至所在城市的信息共享平台。

以省级医疗档案信息共享服务平台为媒介传递患者病史信息，能够有效规避全国范围内大规模信息交换所导致的网络拥堵问题，确保信息的安全性。

（3）全国范围内各省间医疗档案信息的共享

基于同一城市与省内医疗档案信息共享服务平台的建设，全国范围内各省间医疗档案信息的共享模式就比较简单，但是过程比较复杂。具体步骤如下：

第一，患者向当地市级医疗档案信息共享服务平台提出申请（电子邮件、电话、网络平台留言均可），并提供自己所去医疗机构的省份。

第二，当地市级医疗机构工作人员将该患者的病史信息传递到省级医疗档案信息共享服务平台。

第三，当地省级医疗档案信息共享服务平台与患者即将前往的省级医疗档案信息共享服务平台取得联系，将患者的病史信息传递到该信息平台。

第四，患者到医疗机构就诊。

第五，相关医务人员在省级医疗档案信息共享服务平台上输入患者医疗档案信息账号，查询相关病史信息。

第六，省级医疗档案信息平台将新形成的医疗信息储存并传送至患者所在省份的信息平台，省级信息平台备份后，传送至患者所在城市的信息共享平台。

从全国范围来看，优质医疗资源多向北京、上海等地的医疗机构集中，因此应加大资金和技术投入，完善该地区的医疗信息共享平台建设，从而避免因大量信息传输而导致的信息拥堵现象。

（二）维护医疗档案信息共享服务平台的信息安全

1.影响医疗档案信息共享服务平台信息安全的因素

威胁与攻击是医疗档案信息共享服务平台所面临的最主要问题。从一定程度上来说，医疗档案信息共享服务平台是一个相对开放的网络平台，医务人员可以在任何时间和任何地点登录信息平台获取医疗档案信息。数据资源的共享性与开放性使医疗档案信息共享服务平台面临着多种威胁和攻击。医疗档案信息共享服务平台所面临的威胁，不仅表现在网络安全威胁方面，也表现在管理及系统自身的缺陷等方面。

医疗档案信息共享服务平台信息安全与很多因素有关。除了医疗档案信息服务共享平台自身系统因素、管理因素外，还包括人为因素和环境因素，如地震、火灾、风暴、洪水、雷击等自然灾害都对信息安全造成影响。当然，医疗档案信息共享服务平台还受周边环境的影响，如电磁干扰、电压不稳、辐射、潮湿、高低温等。目前，医疗档案信息共享服务平台安全威胁的主要因素是人为因素，如对医疗档案信息系统的人为破坏，由于操作不规范引发的医疗档案共享信息、数据的破坏以及管理制度不健全引起的医疗档案信息系统的损坏与信息的丢失。

2.建立医疗档案信息安全管理体系

在现实生活中，医疗档案信息安全管理体系是依托于通信系统、信息系统以及信息安全基础而构建的。

医疗档案信息安全保障技术可细分为五个关键领域，分别为应用领域、应用环境、安全管理、密码管理以及网络与电信传输。目前，医疗档案信息安全已构建起一套完备的安全策略与解决方案体系。在医疗档案信息系统中，针对关键信息的保护，综合运用了包括防火墙技术、虚拟专用网络技术、入侵检测与防御技术、网络防病毒技术、安全漏洞扫描技术、数据加密技术、认证机制以及数据签名技术等多种安全技术手段，从而构建起一个多层次、全方位的信息安全防护体系。

建立医疗档案信息共享的网络安全管理体系，需设立安全管理机构及制定安全管理制度，以维护信息系统的安全，也可称为"四有"，即有专门的安全管理机构，有专门的安全管理人员，有逐步完善的安全管理制度，有逐步满足要求的安全技术设施。从机构和部门的角度看待行政管理，信息系统安全管理包括人事管理、设备管理、场地管理、媒体管理、软件管理、网络管理、密码管理、审计管理。上述管理都需要建立健全安全管理制度。计算机安全问题最薄弱的环节不是机器本身而是人。

医疗档案信息安全法律法规明确了医务人员和医疗档案管理人员应履行的责任与义务，依法保护医疗档案信息，惩处违法行为。为了保障医疗档案信息共享的安全，必须加快立法建设，建立完全适应计算机信息技术发展的安全法制体系，确定医疗机构各部门以及社会各方面在医疗档案信息安全保障中的职责，建立和完善信息安全的监控制度、有害信息的防治制度、信息安全应急保障制度等。医疗档案信息技术标准和医疗档案信息技术规程是医疗档案信息技术规范的两个方面，包括计算机安全标准、操作系统安全标准、网络安全标准、数据和信息安全标准等。

医疗档案信息共享管理人员的再教育与培训，就是对相关人员进行有关安全教育、职业道德教育、信息保密教育和法律教育。人既是系统的建设者和管理者，又是系统的使用者和维护者。医疗档案信息共享网络信息安全是一个极为复杂的问题，保障医疗档案信息安全是由技术来支持、法律来规范、管理来实现的一项社会系统工程。目前，关于信息立法的研究和制定、信息安全技术的发展、信息系统管理的研究正在快速发展中。

二、规范医疗档案信息共享服务的范围

医疗档案包含了种类繁多、构成繁杂的数字信息。因此，患者入院治疗流程不能单独作为界定其服务范围的依据。基于医疗档案共享的视角，规划医疗档案共享服务范围成为一项必要措施。实现数据信息共享的前提是构建一个平台——一个大型共享数据库。医疗档案共享数据库需考虑医疗档案的特殊性，规范数据保存架构，确保信息存储的立体化、完整性和独立性，主要从以下几个方面切入：

（一）患者的基本信息

患者的基本信息如下：

第一，个人基本信息，包括姓名、性别、出生日期、籍贯、国籍、民族、身份证件、受教育程度、婚姻状况等。

第二，社会经济学信息，包括户籍性质、联系人、联系地址、联系方式、邮政编码、职业、性质、工作单位等。

第三，亲属信息，包括子女健康信息、父母健康信息等。

第四，社会保障信息，包括医疗保险类别、自费与否、医疗保险号码、残疾证号码等。

第五，基本健康信息，如外伤史、手术史、过敏史、预防接种史、既往疾病史、家族遗传病史健康危险因素、戒烟戒酒史、亲属健康情况等。

这些基本信息是社会个体的特有属性，贯穿患者生存经历，内涵稳定，具有客观性。

（二）各类医疗检查信息

随着循证医学的发展，患者住院治疗过程中的检验、检查的数据信息在医疗档案信息共享过程中变得尤为重要。医疗机构间共享检验检查数据信息的有益之处显而易见，不仅可以大幅度地减轻重复检查带来的沉重经济与精力负担，而且可以减少随身携带检验检查报告及影像资料穿梭于不同的医疗机构之间的不便。同样地，医生可以很方便地应用专属的工作终端，查看患者在其他科室或医院进行检查时形成的数据信息。目前，由于广域宽带网的发展还存在诸多瓶颈，许多较大的影像、视频的检查结果很难通过网络快速传输，这成为多类型、大范围内医疗信息共享的障碍之一。

（三）疾病防控信息

目前，各社区医院根据国家规定的免疫计划，对婴儿及适龄儿童进行疫苗接种。例如，建立乙肝疫苗、卡介苗、脊髓灰质炎疫苗、百白破疫苗、A 群流脑疫苗、麻疹疫苗等疫苗的预防接种医疗档案，及时做好信息登记和更新，并上传至国家信息管理平台，实现医疗档案信息共享。同时，对传染病患者实施隔离性治疗，服用与注射相关药物，并把该诊治过程记录在该患者的医疗档案中。

（四）病人病史数据信息

因为全国各个医疗机构的性质不同，主要诊治的方向和重点也不尽相同，导致各个医疗机构的医疗档案内容的存在差异，间接造成了病人的病史无法在一个统一的、共享的平台上整体体现。我国卫生健康委员会对医院医疗档案共享服务信息所包含的主要要素做出过规定，但在目前社会，医院之间还是有很多不尽相同的地方，很难有完全适合各个医院的格式和内容。病人的病史信息是医疗机构对患者进行诊疗的重要参考数据。国家卫生健康委员会应该将患者的基本信息、病人病史数据信息和各类医疗检查信息进行有效的统一。

三、依法规范医疗档案信息共享服务的实施

由于医疗档案信息共享服务平台自身的特殊性，在某些程度上很难承认其法律价值。只有加强医疗档案信息的管理，才能解决医疗档案信息共享的法律价值问题，使其规范化、科学化和制度化。依法规范医疗档案信息共享服务主要应做到以下四点：

（一）确保医疗档案信息共享服务信息录入的时效性

由于某些客观原因，患者从初诊到出院的所有诊疗活动所生成的所有数据和文字会有些变动，有些信息在规定的时间内允许进行合理的修改，而对于修改过的信息，也必须在系统内做出特殊标记，用来记录这一修改行为。但是医务人员的医嘱在任何时间内都不能进行修改，因为这类医疗档案信息是医疗纠纷的凭证，决定着医疗纠纷的责任者。

（二）保障电子签名的真实性

电子签名，是指数据电文中以电子形式所含、所附，用于识别签名人身份并表明签名人认可其中内容的数据。医院医疗档案中的电子签名至关重要。

医院医疗档案中的电子签名与传统意义上的亲笔签名所产生的作用应该是一致的，它能识别医务人员与患者的身份，准确地判定医疗纠纷中的责任方。换个角度来说，要想实现医院医疗档案的法律价值，必须实现医院医疗档案电子签名的合法性。因此，我国医疗卫生体系必须规范地设计医疗档案中的电子签名，来确保医院医疗档案中电子签名的合法性。

（三）建立严格的医疗档案信息共享服务归档制度，确保其完整性

医院的医疗档案信息归档方式可分为逻辑归档和物理归档两种方式。逻辑归档是将患者医疗档案的物理地址或链接贮存在医疗机构 HIS 的服务器中，使相关医务人员和政府部门可以通过计算机网络对医院的医疗档案信息进行有效的查阅和调用。随着现代信息技术的逐渐完善，大型医疗机构和政府部门都拥有了稳定可靠的网络环境和严密安全管理措施，所以这种归档方式已普遍适用。但是医疗档案信息共享人员一定要及时做好备份，防止信息平台上的各种数据的丢失，以致没有数据副本可供使用。

物理归档则是指医院的医疗档案信息经计算机设备刻录，拷贝到只读光盘载体上，以便于医疗档案信息的长期保存。医院所生成的所有患者的医疗档案信息只有在两种情况下才能自动锁定，即患者出院和患者经诊疗无效死亡。与此同时，医院还应将该患者的医疗档案信息自动转移到数据库中进行保存。成熟稳定的医疗档案归档系统，应满足以下两方面的要求：一是医疗档案信息的完整性。医疗档案信息的集成性要求医疗档案信息应具备完整性。二是医疗档案信息的安全性。医院应从医疗档案信息系统管理、医疗档案信息安全法律法规以及医疗档案信息系统安全保障技术这三个层面构建医疗档案信息共享网络安全管理体系和医务人员的专业教育与技术培训体系。

（四）建立医疗档案信息共享服务备份系统，保障其安全性

医疗档案信息共享得到法律认可的关键性因素是医疗档案信息数据的安全，这也是医疗档案信息共享在我国尚未得到很好发展的主要原因。为了保障医疗档案信息的安全，我国政府可以采取第三方保管的方式。这种管理模式主要以政府为主导，建立第三方的医疗档案管理中心，使患者的医疗档案信息管理能够脱离医疗机构。

四、完善医疗档案标准体系建设

（一）医疗档案信息标准化

1.ICD-10 的扩展与完善

对于 HIS 中的各种数据、信息进行标准化编码是设计的初始工作，而就 ICD-10 自身来说，HIS 中的疾病编码还不够完善，有的疾病在 ICD-10 中找不到对应的编码，因此临床工作的准确性也很难得到保障。对 ICD-10 的扩展可以为提高医疗水平、提升医院的教学和科研能力提供保障，且有利于实现医院的现代化管理，帮助 HIS 提高诊疗服务水平。ICD-10 是远程医疗、区域医疗的基础，可以为实现医疗档案信息的共享打下基础。目前，没有一套完整的信息编码应用于 HIS，这给医学信息的整合带来了不便，要想使信息编码更加完整，在未来我国应该建立更加完善的 ICD 修改机制，不断加强疾病分类的系统化。

2.DICOM 的完善

DICOM（医学数字成像和通信）是 Digital Imaging and Communications in Medicine 的缩写，DICOM 标准是关于处理、存储、打印、传输医学图像信息的标准，它包括文件格式定义和网络通信协议两部分。传输图像信息的两个系统是通过 TCP/IP 协议进行通信的，DICOM 文件可在有能力传输 DICOM 格式的病案图像数据的两个医疗机构间进行传递。DICOM 标准是由美国放射学院（American College of Radiology，以下简称 ACR）和美国电气制造商协会（National Electrical Manufacturers Association，以下简称 NEMA）共同制定的。

20 世纪 70 年代以来，计算机断层成像技术（CT）和其他数字成像技术飞速发展，很多厂商都研制了配备计算机的成像设备，制定了各自不同的图像格式。随着计算机网络的普及及其在医学上的广泛应用，在不同厂商生产的设备之间交换图像和相关信息的需求日趋迫切，而缺乏统一的标准成为图像交换的主要障碍。因此，ACR 和 NEMA 在 1983 年组成了一个联合委员会，共同制定了一个公共标准，它的目的是促进数字图像设备的网络化，而不论设备的开发商是谁，这有助于开发和推广影像归档和通信系统（Picture Archiving and Communication System，简称 PACS），并能与其他医学信息系统联系，建立有价值的诊断信息数据库，能处理地理上分散的不同设备间的请求。

（二）医疗档案数据交换格式标准化

医疗信息交换标准（Health Level Seven，以下简称 HL7）主要应用于医疗机构信息化管理以及相关医疗领域的信息化建设中。HL7 目前主要用来规范各种不同医疗信息交换系统及其设备之间的通信交流等，它涉及病人的信息管理、临床检验系统、药品管理、医疗保险系统等许多领域。

HL7 的宗旨是制定医疗机构数据信息传输协议和标准，规范信息传输格式，降低医疗机构信息传输的成本，提高医疗机构信息共享的程度。世界大多数发达国家都有 HL7 的相关研究机构。

中国卫生信息标准的研究应该建立在已有成果的基础上，将已有的国际标准作为中国标准研究的起点，再结合中国的实际加以发展。HL7 的设计思想也值得我国学习，完全可以用于指导我国卫生信息标准的制定。但是否照搬 HL7 的交换标准和交换格式，需要结合我国实际需要和当前的技术水平做出鉴别和慎重的选择。

参 考 文 献

[1]曾静钰，尹声声，陈雪漫. 现代医院档案管理与资源开发利用[M]. 长春：吉林文史出版社，2023.

[2]庄乾文，张君，张瑾. 医院档案管理理论与实践应用研究[M]. 长春：吉林文史出版社，2023.

[3]李飞. 现代医院管理理论与实践[M]. 长春：吉林科学技术出版社，2022.

[4]崔驰，韩耀武，付立. 档案管理信息化创新研究[M]. 北京：文化发展出版社，2024.

[5]李倩，付子英，梁建新. 医院管理基础与实践[M]. 上海：上海科学技术文献出版社，2024.

[6]李志贤，衣晓娟，李文清. 现代医院信息化管理研究[M]. 北京：线装书局，2023.

[7]任浩. 现代医院信息化管理制度与表格典范[M]. 北京：企业管理出版社，2023.

[8]吕颖. 医院流程管理与信息化实践研究[M]. 北京：中国纺织出版社有限公司，2023.

[9]位建玲，侯可俊，郭静. 医院管理规范与档案数字化[M]. 上海：上海交通大学出版社，2023.

[10]曾红华. 医院档案管理建设与应用研究[M]. 成都：成都时代出版社，2023.

[11]高曙明，谭秀华，姜艳丽. 现代医院管理与档案信息化建设[M]. 北京：中国纺织出版社有限公司，2023.

[12]李祎晗，刘维峰，杜海鲭. 现代医院管理规范与档案管理[M]. 哈尔滨：黑龙江科学技术出版社，2023.

[13]丁兆娟，郝海霞，蔡善涛. 现代医院管理实践与创新[M]. 长春：吉林科学技术出版社，2023.

[14]吴锦华. 现代医院医疗设备全生命周期管理实践[M]. 上海：上海科学技术出版社，2023.